Alfons Schweiggert · Franz Kafka in München

Allitera Verlag

ALFONS SCHWEIGGERT studierte Psychologie, Philosophie und Pädagogik. 1973 bis 1979 Lehrauftrag an der Ludwig-Maximilians-Universität München, 1993 bis 2009 Institutsrektor am Staatsinstitut für Schulqualität und Bildungsforschung, München. Neben Erzählungen, Lyrik und dem Roman »Das Buch« veröffentlichte er Biografien und Sachbücher. Er erhielt mehrere Auszeichnungen, unter anderem 1995 den Bayerischen Poetentaler. Zu Franz Kafka veröffentlichte der Autor mehrere Bücher.

ALFONS SCHWEIGGERT

in Münchhen

Zwischen Leuchten
und Finsternis

Allitera Verlag

Erweiteret Neuauflage April 2024
Allitera Verlag
Ein Verlag der Buch&media GmbH, München
© 2024 Buch&media GmbH, München
Layout, Satz und Umschlaggestaltung: Johanna Conrad, unter Verwendung einer Foto-
grafie der Münchner Stadtsilhouette, Archiv Klaus Wagenbach, Berlin
Gesetzt aus der Adobe Garamond Pro und der Myriad Pro
Printed in Europe · ISBN 978-3-96233-430-7

Allitera Verlag
Merianstraße 24 · 80637 München
Fon 089 13 92 90 46 · Fax 089 13 92 90 65

Weitere Publikationen aus unserem Programm finden Sie auf www.allitera.de
Kontakt und Bestellungen unter info@allitera.de

Inhalt

Diese ungeheure Welt im Kopf 7
Franz Kafkas kurzes Leben 1883 bis 1924

»Möge uns noch einmal die Luganosonne scheinen!« 12
Der reisende Kafka

Zwischen Leuchten und Finsternis 17
München 1900 bis 1920

»Dieses wunderbare München!« 22
Zwei Schnupperwochen in München 1903

»Die Kafkas sind schön und ich drucke sie« 28
Kafkas erste Veröffentlichung erschien in München 1908

»In zwanzig Minuten durch München geschnurrt« 33
Eine Blitzfahrt durch München 1911

»Das Ereignis eines Buches« 37
Max Brods Münchner Kafka-Kritik 1913

Lesen mit still verzweifelter Magie 41
Der lesende Kafka

»Widerlich viele Hindernisse!« 44
Zweimonatige Reisevorbereitungen 1916

»Ein grandioser Misserfolg!« 54
Kafkas Lesung in München 1916

»In der Strafkolonie« 62
Eine Meisterleistung, durchblutet von ihrem Autor

Mondt, Pulver, Kölwel und Rilke 67
Kafkas Münchner Kontaktpersonen

Hungerkünstler 74
Eine nie gelebte Geistesfreundschaft zwischen Karl Valentin und Franz Kafka

»Mein Kopf wollte nach Bayern« 87
Verhinderter Frühjahrsurlaub 1920

»Er war der Vater meines Jungen« **90**
Kafkas Sohn – ein Münchner?

»Eintauchen in wunderbar stille Alleen« **94**
Kafkas Einstellung zu Stadt und Land

»Alles Leben ist nur Fragment« **99**
»Der noch kaum erkannte Lyriker Franz Kafka«

>   »Lyrische Ergüsse« in der Pubertät 100
>   Kafkas vernichtete Verse und Gedichte 102
>   Ein Liebhaber von Gedichten 103
>   Faszination für »Chinesische Lyrik« 108
>   Ein Mentor für Lyriker 112
>   Einfluss chinesischer Kultur auf Kafkas lyrisches Schaffen 116
>   Sind Kafkas Lyrik-Fragmente schon Lyrik? 119
>   Nannte Kafka Texte von sich »Gedichte«? 121
>   Warum veröffentlichte Kafka keinen Gedichtband? 123
>   Das Gedicht als »Entwurf und Annäherung« 126
>   Von Kafka bewunderte Lyriker 128
>   Von Kafkas Werk beeinflusste Lyriker 130
>   Kafkas Begeisterung für »Jargon« 133
>   »Wenn ich wahllos einen Satz hinschreibe, [...] so ist er schon vollkommen.« 135
>   Kafka, ein Lyriker – kein Lyriker? 136
>   15 als »Kafka-Gedichte« bezeichnete Texte 138
>   Gedichte sind gemalte Fensterscheiben! 154
>   »Wunderbare Kleinigkeiten mit lyrischen Tönen« 155
>   »Lyrische Passagen von größter Zärtlichkeit« 157
>   Sind Kafkas Notate »Prosalyrik«? 159
>   Kafkas lyrische Fragmente in Musik und Bildender Kunst 163
>   Über den »Nutzwert« von Lyrik 166

Anhang **169**
Werke von Franz Kafka 169
Briefe von Franz Kafka 169
Sekundärliteratur 170
Literatur zu Franz Kafkas Lyrik 172
Bildnachweis 173
Danksagung 173

Diese ungeheure Welt im Kopf

Franz Kafkas kurzes Leben 1883 bis 1924

F ranz Kafka starb jung, einen Monat vor seinem 41. Geburtstag, am 3. Juni 1924. Die letzten Lebenstage verbachte er im Sanatorium Hoffmann in Kierling bei Klosterneuburg in der Nähe von Wien. Bereits sieben Jahre zuvor war bei ihm eine Lungentuberkulose ausgebrochen. Verschiedentlich von ihm unternommene Land-, Kur- und Sanatoriumsaufenthalte konnten sein Ende zwar hinauszögern, aber nicht verhindern. Fünf Jahre lang versuchte er, seine Krankheit zu kurieren, bis er Mitte 1922 pensioniert werden musste und das zwei Jahre währende End-stadium begann.

Kafkas Leben, das am 3. Juli 1883 in Prag seinen Anfang nahm, war von Kindheit an von Angst und Schuldgefühlen geprägt. Es war dies einmal die Angst vor dem Tod, der seine beiden jüngeren Brüder Georg und Heinrich bereits im Kindesalter ereilt hatte. Vor allem aber fühlte er sich von dem von ihm als übermächtig und cholerisch empfundenen Vater, dem jüdischen Kaufmann Hermann Kafka, zeit-lebens unterdrückt. Dieser Mann zeigte seine Macht schon dem kleinen Franz, der einmal nachts um Wasser winselte und daraufhin vom Vater aus dem Bett geholt und auf den Balkon gestellt wurde. Im Nachthemd stand der Kleine dann mutter-seelenallein im Dunkeln. Der Mutter, einer liebevollen Frau, blieb nichts anderes übrig, als den drakonischen Strafmaßnahmen ihres Mannes, dem sie nichts ent-gegenzusetzen wagte, tatenlos zuzusehen.

Da Kafkas Eltern viel in ihrem Geschäft arbeiteten und daher wenig Zeit für die Kinder hatten, wurden diese von Ammen, Dienstmädchen, Köchinnen, Gouvernan-ten und Erzieherinnen erzogen. Eine der Köchinnen begleitete den kleinen Franz häufig zur Schule. Während des gesamten Weges machte sie ihm Angst, indem sie beteuerte, sie werde dem Lehrer erzählen, wie unartig er gewesen sei. In Folge dessen fürchtete er sich nun auch vor den Lehrern und war ängstlich bemüht, sie mit guten Schulleistungen bei Laune zu halten. Bereits während der Schulzeit fühlte sich der Junge magisch von Literatur angezogen und unternahm seine ersten Schreibversuche.

Nach dem Abitur studierte er Jura, obwohl er lieber Schriftsteller geworden wäre. In dieser Zeit begegnete er Max Brod, einem in Prag lebenden Schriftsteller

Der Vater, Hermann
Kafka (1852–1931)

Die Mutter, Julie Kafka,
geb. Löwy (1856–1934)

Kafka zu Beginn der
Gymnasialzeit, etwa
zwölf Jahre alt

mit Beamtenbrotberuf, der sein bester Freund werden sollte. Nach seinem Staatsexamen führte der junge Doktor der Jurisprudenz bis zwei Jahre vor seinem frühen Tod ein recht trostloses Dasein als mittlerer Angestellter der Arbeiter-Unfall-Versicherung für das Königreich Böhmen. Die Stadt Prag, die Kafka als »Mütterchen mit Krallen« bezeichnete, ließ ihn in der Tat Zeit seines Lebens ebenso wenig los wie sein Elternhaus, in dem er noch als Erwachsener wohnte. Besonders der Vater, ein ehrgeiziger Karrieremensch, brachte nicht das geringste Verständnis für die Interessen seines Sohnes auf. Bald galt er in der Familie als Außenseiter. Lediglich seine Lieblingsschwester Ottilie, genannt »Ottla«, hielt zu ihm und unterstützte ihn immer wieder.

Schon von Jugend an hatte Kafka eine zarte körperliche und sensible psychische Konstitution. Täglich sah man den schlanken, freundlichen Herrn morgens zur Arbeiter-Unfall-Versicherung eilen, wo er tagsüber sechs Stunden in seinem Büro im vierten Stock seiner einförmigen Arbeit nachging. Er verfasste Gutachten zu Unfallverletzungen und schrieb Artikel über die Sicherheit am Arbeitsplatz. Nachmittags entfloh er dem ungeliebten Brotberuf und legte sich zu Hause für ein paar Stunden nieder. Gelegentlich bestellte er auch einen kleinen Garten, ruderte oder ging in den Parks und Straßen der Stadt spazieren. Seiner dichterischen Passion frönte er vorwiegend in den Nachtstunden. Dann hatte er, der außerordentlich lärmempfindlich war, Ruhe vor den Eltern und Geschwistern. Hauptsächlich in dieser Zeit entstanden seine Geschichten und Romane. In vielen seiner Texte thematisierte er immer wieder das Thema des Ausgestoßen-Seins aus der Gemeinschaft verbunden mit dem nahezu immer vergeblichen Kampf um die Wiedereingliederung. Seine Erzählung »Das Urteil« verfasste er in einer einzigen Nacht. »Nur so kann geschrieben werden«, notierte er, »nur in einem solchen Zusammenhang, mit solcher vollständigen Öffnung des Leibes und der Seele.« Nach durchschriebenen Nächten kam er morgens häufig völlig erschöpft ins Büro. Seine wichtigsten Werke verfasste Kafka in kaum acht Jahren von 1915 bis 1923. Darunter waren »Die Verwandlung«, »Das Urteil« und die erst nach seinem Tod veröffentlichten Romanfragmente »Der Prozeß« und »Das Schloß«.

Mittlerweile war sein ganzes Dasein einzig auf das Schreiben hin ausgerichtet, denn nur bei dieser Tätigkeit fühlte er sich zufrieden. Es stimmte ihn sichtlich depressiv, wenn er einmal einige Zeit nichts zu Papier brachte. Alle anderen Interessen bekamen für ihn zunehmend nachrangige Bedeutung. Selbst das Essen – Kafka war Vegetarier – wurde für ihn zur Nebensache. »Das Schreiben ist ein süßer wunderbarer Lohn«, schrieb er an Max Brod, »aber wofür? In der Nacht war es mir mit der Deutlichkeit kindlichen Anschauungsunterrichtes klar, dass es der Lohn für Teufelsdienst ist. Dieses Hinabgehen zu den dunklen Mächten, diese

Entfesselung von Natur aus gebundener Geister, fragwürdiger Umarmungen und was alles noch unten vor sich gehen mag, von dem man oben nichts mehr weiß, wenn man im Sonnenlicht Geschichten schreibt. Vielleicht gibt es auch anderes Schreiben, ich kenne nur dieses: in der Nacht, wenn mich die Angst nicht schlafen lässt, kenne ich nur dieses.«

Auch den Kontakt zu Frauen empfand Kafka eher störend. Die von vielen Missverständnissen bestimmte Beziehung zu der aus Berlin stammenden leitenden Angestellten Felice Bauer etwa hielt er hauptsächlich durch ein halbes Tausend Briefe aufrecht, mit denen er sich fast täglich an sie wandte. Dabei fühlte er sich hin- und hergerissen zwischen der Sehnsucht nach einem »normalen« Leben mit Ehe und Kindern und seiner von ihm so erlebten Bestimmung für die Literatur. Zweimal ging diese Verlobung in die Brüche. Am Ende siegte wie stets in seinem Leben die Literatur und führte zum endgültigen, äußerst schmerzlichen Abbruch dieser qualvollen Beziehung.

Eine weitere Verlobung mit Julie Wohryzek, der Tochter eines jüdischen Tempeldieners, scheiterte ebenfalls. Seine Vorbehalte einer Ehe gegenüber erwuchsen zum einen aus der Angst, sich nicht mehr auf das Schreiben konzentrieren zu können, zum anderen aus Furcht vor dem Vater, der allen seinen diesbezüglichen Anstrengungen und Versuchen herablassend und ablehnend gegenüber stand.

Die kurze Beziehung zu der bereits verheirateten Journalistin Milena Jesenska lebte Kafka im Wesentlichen ebenfalls in einem regen Briefwechsel. Immer mehr zog sich der Junggeselle im Laufe der Jahre in die Literatur zurück und flüchtete sich ins Schreiben. Als er auf Geheiß des Vaters seinem Schwager Karl Hermann als Teilhaber beim Aufbau einer Asbestfabrik helfen sollte, geriet er in Panik und wollte sich umbringen, da er unter der Doppelbelastung von Versicherung und Fabrik dem Schreiben völlig hätte entsagen müssen.

Den letzten Versuch, eine Beziehung zu führen, unternahm Kafka mit der um einiges jüngeren Dora Diamant. Mit ihr, der Tochter eines orthodoxen Juden, verbrachte er sein letztes Lebensjahr in Berlin. Sie begleitete ihn bis zum Tod.

Noch auf dem Sterbebett ließ ihn aber die Literatur nicht los. Nachdem er die Korrekturfahnen zu seinem erst posthum veröffentlichten Werk »Ein Hungerkünstler« gelesen hatte, was ihn unendlich psychische Anstrengung kostete, verschlimmerte sich sein Zustand dramatisch. Am Ende seiner Kräfte flehte Kafka den Arzt an: »Töten Sie mich sonst sind Sie ein Mörder.« Kurz darauf starb er. Aber selbst im Tod entkam er weder seiner Heimatstadt Prag noch seinen Eltern. Gemeinsam mit ihnen liegt er auf dem Straschnitzer Friedhof begraben.

Von Franz Kafka erschienen zu Lebzeiten lediglich sechs schmale Büchlein mit mehr oder weniger umfangreichen Prosaarbeiten. Im Alter von 29 Jahren veröffentlichte er als erstes Werk »Betrachtung« (1912), im Normaldruck nur 36 Seiten stark. Da aber eine ungewöhnlich große Schrift (Tertia, also 16 Punkt, Walbaum) gewählt wurde, blähte es sich auf 100 Seiten auf. Auch die drei Folgebändchen waren von kleinerem Umfang: »Der Heizer, ein Fragment« (1913) hatte 48 Seiten, »Die Verwandlung« (1915) 80 Seiten und »Das Urteil. Eine Geschichte« (1916) 32 Seiten. »In der Strafkolonie« (1919) wurde in einem etwas größeren Schriftgrad gedruckt und erzielte auf diese Weise immerhin 72 statt 30 Seiten. Das letzte Buch, das zu Lebzeiten des Dichters erschien, »Ein Landarzt« (1919), wurde schließlich wieder in der außergewöhnlich großen Schrift wie schon der Band »Betrachtung« gesetzt. Auf diese Weise konnten 192 Seiten gefüllt werden. Der Titel »Der Hungerkünstler« (1924), ein Band mit vier Geschichten auf 88 Seiten, wurde zwar von Kafka noch auf dem Sterbelager korrigiert, aber erst kurz nach seinem Tod veröffentlicht. Alle von Kafka zu Lebzeiten gedruckten Texte – ohne »Der Hungerkünstler« – hätten bei normalem Schriftgrad also lediglich ein einziges Buch mit etwa 290 Seiten gefüllt.

Die drei großen fragmentarischen Romane »Der Prozeß« (1925), »Das Schloß« (1926) und »Amerika« (1927), die Kafka mittels testamentarischer Verfügung eigentlich von seinem Freund Max Brod hätte verbrennen lassen wollen, was dieser glücklicherweise unterließ, konnten deshalb erst einige Jahre nach Kafkas Tod erscheinen. In der Folge wurden auch die Tagebücher und Aufzeichnungen seiner Notizhefte veröffentlicht. Bald erkannte die Nachwelt, dass es sich bei Kafka um einen Autor von Weltrang handelte, der neben Erzählungen und Romanen auch literarisch bedeutsame Tagebücher, Briefe, Betrachtungen und Aphorismen verfasst hatte.

»Möge uns noch einmal die Luganosonne scheinen!«

Der reisende Kafka

Ein halbes Jahr vor seinem Tod beendete Kafka einen seiner letzten Briefe vom 2. November 1923 aus Berlin an seinen Freund Max Brod mit den Worten: »Lebwohl und möge uns – unschuldig oder schuldig – noch einmal die Luganosonne scheinen.« Franz Kafka stand – entgegen anders lautender Ansichten – dem Reisen äußerst positiv gegenüber. Seine Welt beschränkte sich also nicht nur auf Prag und seine böhmische Umgebung, auch wenn eine Anmerkung des Kafka-Biographen Reiner Stach anderes vermuten lässt, der lapidar notierte: »Abgesehen von Aufenthalten im Deutschen Reich – überwiegend Wochenendreisen –, verbachte Kafka etwa 45 Tage im Ausland. Er erlebte Berlin, Dresden, Leipzig, München, Zürich, Paris, Mailand, Venedig, Verona, Wien und Budapest. Insgesamt dreimal sah er das Meer: Nordsee, Ostsee und italienische Adria.«

Nach dem Biographen Peter-André Alt bedeutete Reisen »für Kafka die Möglichkeit, Fremdes zu beobachten und in seiner Eigentümlichkeit frei von Anpassungszwängen festzuhalten, ohne den Schutz der Anonymität preiszugeben. Bereits Bahnhofsszenen, Zug- und Metrofahrten bieten ihm Anlässe, jene verfeinerte Wahrnehmungskultur zu praktizieren, die sich unter den Belastungen des Alltags nur sporadisch entfalten konnte.«

Schon in den ersten Berufsjahren frönte Kafka gemeinsam mit Max Brod dem Reisevergnügen und lernte dabei große Teile Ost- und Südeuropas, die Nord- und Ostsee sowie die modernen Metropolen der Kaiserzeit kennen. Nach dem Besuch auf der Insel Norderney unternahm er im September 1909 für zehn Tage gemeinsam mit Max und Otto Brod seine erste größere Auslandsreise nach Riva am Gardasee.

Auf der gemeinsamen Ferienreise über Lugano und Mailand nach Paris im August/September 1911 kamen Kafka und Max Brod auf eine ganz besonders pfiffige Idee. Sie beschlossen, einen neuen Typ von Reiseführern zu kreieren. »Er sollte ›Billig‹ heißen«, erinnerte sich Brod und in großer Auflage verbreitet werden. »Franz war unermüdlich und hatte eine kindische Freude daran, die Prinzi-

Max Brod, Kafkas engster Freund
(1884–1968), und Franz Kafka (rechts)

pien dieses Typs, der uns zu Millionären machen und vor allem der scheußlichen Amtsarbeit entreißen sollte, bis in alle Feinheiten auszubauen.« Auf Briefpapier des Hotels »Belvédère au Lac« in Lugano entwarfen die beiden folgendes Exposé zu diesem Vorhaben, in dem sie signalisierten, dass sie neben günstigen Verkehrsverbindungen, Hotels und Restaurants auch Bordelle aufführen wollten. Der Titel dieses Reiseführers sollte den hochtrabenden Titel tragen:

»Unser Millionenplan ›Billig‹ – Ein Millionenunternehmen

Billig durch Italien, Billig durch die Schweiz, Billig in Paris. Billig durch die Böhmischen Kurorte und in Prag.
In alle Sprachen übersetzbar.
Motto: Nur Mut.
Unser demokratisches Zeitalter hat gewissermaßen unbemerkt alle Bedingungen für ein leichtes und allgemeines Reisen schon ausgebildet. Diese zu sammeln und systematisch bekannt zu machen ist unsere Aufgabe. – Bisher praktische Erkundigungen und praktische Ratschläge (Berliner Tageblatt) bei Freunden.

Vereinzelt, zufällig, bald vergessen – das wenige sehr nützlich, wie sich jeder erinnern wird. In den Führern erstaunlich wenig hierüber. Ein schwacher Ansatz ist der * bei Bädeker und die Bemerkung »gelobt« – oft enttäuschend.

Was heißt »billig«. – Viele Nüancen. Wir grenzen ab gegen die Palasthotels und den protzigen unbeholfenen Mittelstand. – Auch nach unten. – Wir wenden uns an die, die das Reisen irrtümlich oder, weil schlecht beraten, für zu kostspielig halten und in den (an sich schönen, aber schon bekannten) Umgebungen der Heimatstädte bleiben. Wir wollen so billige Aufenthalte wie diese Sommerfrischen in der ganzen Welt nachweisen – eventuell auch noch die Reise einkalkulieren.

Auch jene, die eine Reise wagen und denen das Rechnen, Kalkulieren das Reisen verdirbt – und (pardon!) jene, die hineinfallen. Das zufällige Hineinfallen ist bisher als ständiger Faktor zu rechnen gewesen, dem Lande oft zugeschrieben. Italien, Paris. So heben wir auch den Ruf der Länder. – Verständigung der Nationen.

Erzieherisches Moment der Energie für die ganze Person.

Betrogen werden nur schlecht orientierte Reisende.

Derselbe Genuß um weniger Geld. Consommation im Monico.

II

Exaktheit, Begrenztheit. Die Wahl soll erspart werden. – Eine Route zu 400, 500 Francs u. s. f.

Prinzip der Gesellschaftsreisen, aber solo. Vergleich mit Selbstunterrichtsbriefen.

Keine Gesammtgeographie, sondern Routen.

Wir nennen nur ein Hotel, falls dies besetzt in absteigender Reihenfolge andere.

Falls Tramway, nennen wir nicht die Droschke.

Wir empfehlen eine präzise Zeit zur Reise.

Ebenso einfach: Ärzte, …

Nicht rasch oder langsam Reisende, sondern eine bestimmte Mittelgruppe. Abweichungen sind leichter möglich, da immer an ein Praecises angeschlossen werden kann.

Genaue Trinkgelder.

Nicht pedantisch: wir raten z. B. zum Trinkgeld an Bademeister. – Fernrohr auf dem Rigi. –

Zu den Routen: nichts wiederholt sich. Nur eine Drahtseilbahn, aber die Beste! –

Auszug aus dem Eisenbahnkourier.

Was auf die Reise mitnehmen?

III

Wir bringen mehr. Der kurze »Allgemeine Teil« in andern Führern.

Kleidung.

Bordelle. Vor Bauernfängern bewahrt. (N. B. Charakter der Offenheit in unserm Führer.)

Reiseandenken.

Billige Einkäufe z. B. Seide in Italien; Ananas, Madeleines, Austern in Paris.

Keine Angst vor falschem Geld.

Freikonzerte.

Einkalkulierung billiger Tage (Gemäldegallerie) nach teuren Fahrten.

Wo bekommt man Freikarten wie ein Einheimischer.

Dampfer zweiter Klasse.

Keine Angst vor der 3. Klasse in Italien. Volkscharakter.

Reform der Karten und Pläne?

Erklärung der Spielsäle, Verluste.

Gratis-Pläne der Verkehrsbüros, ihre Kritik in unserem Führer, das andere kann man glauben.

ad III.

Was an Regentagen zu machen ist. Eventuell am letzten Tag.

Bildergallerie, am billigen Tag. Nur wenige wichtige Bilder.

Diese aber gründlich (Kunstwart-Art) volkserzieherisch.

Billige gute Plätze in den Theatern, sonst nur den Habitués bekannt.

Aussteigen auf dem Dampfer.

IV

Controlle der empfohlenen Hotels durch eine Organisation.

Wir übernehmen die Instruktion der Autoren, die Durchsicht ihrer Elaborate, Stichproben.

N. B. Wie ist Baedeker organisiert?

Flugblätter zu 10 Pfennig, jedes 2. Jahr etwa, 5 Bons in den Büchern.

Warnung vor Ansichtskarten, Beschränkung auf die 12 beigelegten (?)

V

Sprachführer aus dem Grunde, weil durch die Kenntnis der Sprache viel Geld erspart wird.

Ausgabe mit und ohne Führer, für die, welche die Sprache kennen.

Unser Prinzip: es ist unmöglich, eine Sprache vollständig zu erlernen. Man muß sich daher mit derjenigen Stufe begnügen, welche am wenigsten Mühe macht und doch genügt. Besser genügt als schlechtes Sprechen der gründlich studierten Sprache und Nachdenken über Regeln. – Nebeneinanderstellung der Infinitive. – 200 Vokabeln. – Eine Art Esperanto. Zeichensprache in Italien. – Aussprache gründlich. – Weiterlernen nicht behindert. – Französisch von uns. – Das Wichtigste über den Schweizer Dialekt.

Man kauft sich einen ›Billig‹.

VI
Ausstattung.«

Hiermit endet das gemeinsam konzipierte Memorandum. Die Idee zu diesem Reiseführer sollte allerdings nie realisiert werden, obwohl sich Max Brod ernsthaft darum bemühte, wie er notierte. »Ich habe dann allen Ernstes mit Verlegern über unsere ›Reform der Reisehandbücher‹ Korrespondenz gepflogen. Die Verhandlungen scheiterten daran, daß wir das kostbare Geheimnis ohne einen Riesenvorschuß nicht preisgeben wollten.«

Allein reiste Kafka nicht besonders gern. Er wollte die Eindrücke, Beobachtungen und Erlebnisse mit jemandem teilen, was ihm besonders mit seinem Freund Max Brod glückte. »Niemals waren wir einander so nahe wie auf Reisen«, schrieb Kafka am 20. April 1914 an Felice Bauer und Brod bekennt: »Nie im Leben bin ich je wieder so ausgeglichen heiter gewesen wie in den mit Kafka verbrachten Reisewochen […] es war ein großes Glück, in Kafkas Nähe zu leben.«
Nach München kam Kafka nur einmal mit Max Brod, wobei es sich lediglich um einen Zwischenaufenthalt handelte. Sonst war Kafka bei seinen wenige Tage umfassenden Aufenthalten in München allein, selbst dann, als einmal seine Verlobte Felice anwesend war. Und vielleicht konnten auch deshalb die Aufenthalte in dieser Stadt nicht glücken. Gleichwohl haben »alle Reisen eine heimliche Bestimmung, die der Reisende nicht ahnt«, wie dies Martin Buber formulierte. Und so kam auch Kafka von keiner seiner München-Reisen so zurück, wie er weggefahren war.

Zwischen Leuchten und Finsternis

München 1900 bis 1920

Der Zeitraum, in dem Franz Kafka Kontakte zu München hatte, fiel in die Jahre 1900 bis etwa 1920, eine Phase, die geprägt war von kulturellem Glanz, aber auch von Krieg, bitterer Not und revolutionären Umtrieben.

Zu Anfang des 20. Jahrhunderts war München ein bedeutendes künstlerisches und geistiges Zentrum, das Künstler, Literaten und Intellektuelle magisch anzog. In seiner Novelle »Gladius Dei«, die mit den Worten beginnt »München leuchtete«, schwärmt Thomas Mann 1902 von dieser Stadt, in der auch sein Roman »Die Buddenbrooks« entstand. »Die Kunst blüht, die Kunst ist an der Herrschaft, die Kunst streckt ihr rosenumwundenes Zepter über die Stadt hin und lächelt«, so betonte Mann euphorisch.

Der 20-jährige Franz Kafka hatte 1903, als er erstmals nach München kam, mit Sicherheit Kenntnis von der kulturellen Blüte Münchens, insbesondere auch von dessen nördlichem Stadtteil Schwabing, von dem es hieß, es handle sich dabei um keinen Ort, sondern um einen »Zustand«. Hier herrschten nicht nur die Malerfürsten Lenbach und Stuck, hier gestaltete nicht nur Adolf von Hildebrand seine Brunnen und Denkmäler, hier wurde nicht nur der Jugendstil »erfunden«, ein künstlerischer Protest gegen die althergebrachten Ausdrucksformen, sondern, was noch weitaus revolutionärer und für die moderne Kunst wegweisend war, hier fand sich auch die Malergruppe des »Blauen Reiter«, so unter anderem Kandinsky, Marc, Macke und Klee, die mit beeindruckenden Werken das Tor zur Kunst der Moderne aufstießen. 1910 malte Kandinsky in München das erste abstrakte Bild der Kunstgeschichte und mit seiner Schrift »Über das Geistige in der Kunst« lieferte er die Theorie dazu.

Neben Wien und Berlin gehörte München zu den bedeutenden deutschsprachigen Theaterzentren. Bis zum Kriegsbeginn war das Prinzregententheater der Ort der »Opernfestspiele«, die 1901 ihren Anfang nahmen und unter anderem besonders Wagner- und Mozartopern zur Aufführung brachten. Drei bedeutende Komponisten verlebten längere Zeit in München: Max Reger, Hans Pfitzner und Richard Strauß, die von München aus das musikalische Leben Deutschlands mit-

Die rote »Simpl«-
Bulldogge,
Wahrzeichen für die
Aufbruchstimmung
im München der
Jahrhundertwende

bestimmten. Der berühmte Dirigent Bruno Walter drückte seine Begeisterung,
hier arbeiten zu dürfen, mit folgenden Worten aus: »[…] ich fühle die bewegte,
herrliche Wärme jener Zeit und sie weht mir aus jeder Gestalt und aus jedem Erlebnis entgegen.«

Natürlich galt München auch als literarisches Zentrum von höchstem Rang.
Treffpunkte der Literaten, zu denen neben Stefan George, Max Halbe, Christian
Morgenstern, Lion Feuchtwanger und dem jungen Rilke viele andere gehörten,
waren etwa das Schwabinger Café »Stephanie«, auch Café »Größenwahn« genannt,
und das Lokal der Kathi Kobus. Während im Residenztheater Ludwig Thoma
seine Stücke auf die Bühne brachte, sorgten Frank Wedekinds Dramen immer
wieder für Skandale an den Münchner Kammerspielen. Respektlos nahm die ät-
zend satirische und unerschrocken kritische Zeitschrift »Simplicissimus« den spie-

ßigen Lebensstil der Kaiserzeit aufs Korn. Franz Kafka schien auch das berühmte Kabarett »Die Elf Scharfrichter« besucht zu haben, in dem unter anderem Frank Wedekind mit Liedern und Balladen auftrat.

Fast unbemerkt entwickelte in den Jahren 1900 bis 1902 ein russischer Emigrant, namens Wladimir Iljitsch Uljanow, besser bekannt unter dem Pseudonym Lenin, in Schwabing, in der Siegfriedstraße 14, im dritten Stock, seine revolutionären Ideen, die er in der Zeitung »Iskra« (»Der Funke«) publizierte und die Jahre später die Welt verändern sollten. Es war also die Pluralität des Denkens und Empfindens, ein sich gegenseitig befruchtendes Nebeneinander von Stilrichtungen und Meinungen, das Schwabing und München zu einem unverwechselbaren, unbürgerlichen Freiraum werden ließ, in dem sich schöpferische Kräfte und geniale »Spinner« in Fülle entwickeln konnten.

Kafka wurde aber nicht nur von dieser glänzenden Zeit in München, sondern auch von den düsteren Schatten berührt, die schon bald auf die Stadt fielen, als mit den Schüssen von Sarajewo am 28. Juni 1914 auch für München »die gute alte Zeit« endete und der Erste Weltkrieg ausbrach, den man in München wie auch in anderen Städten Deutschlands anfänglich mit patriotischen Liedern feierte. »Die helle Begeisterung in den Straßen auch unserer Stadt«, so der »Münchner Stadtanzeiger«, »beweist, daß das Volk heute noch königstreu, gut bayrisch und gut deutsch gesinnt ist. Es will heute noch gerne kämpfen für König und Vaterland«. Zu Tausenden marschierten die Soldaten voller Begeisterung und Zuversicht blumengeschmückt von den Kasernen im Norden der Stadt zu den Verladebahnhöfen. Den Angehörigen, die die Kolonnen begleiteten, war meist schwer ums Herz. Die schon bald täglich eintreffenden Gefallenenmeldungen dämpften die anfängliche Euphorie rasch. Zunehmende Arbeitslosigkeit führte zu weiterer Ernüchterung.

In den Kriegsjahren 1914 bis 1918, in denen an allen Ecken und Enden bittere Not und großes Elend herrschten und die von Hunger und furchtbarer Kälte geprägt waren, hatten auch die Münchner eine sehr entbehrungsreiche Zeit durchzustehen. Die Versorgung der Bevölkerung war mittels Lebensmittelkarten rationiert, die Nahrungsmittel waren von extrem schlechter Qualität, wie etwa das kraftlose Dünnbier, die wässrige Milch oder die von der Stadt hergestellte »Kriegswurst«. Man war schon froh, einige kümmerliche Kartoffeln, Kleiebrot oder »Dotschn«, wie die weißen Steckrüben hießen, zu ergattern. Sogar Eichhörnchen aus dem Münchner Waldfriedhof, in München »Eichkatzl« genannt, wanderten gelegentlich in die Kochtöpfe. Immer wieder gab es tagelange Hungerkrawalle. Gewissenlose Spekulanten, Schwarzhändler und Schieber trieben ungehindert ihr Unwesen. Wegen der großen Kohlennot mussten Theater und Konzertsäle geschlossen wer-

Kriegswurstverkauf auf dem Viktualienmarkt 1916

den. Wertsachen aus Gold und Kupfer, ja selbst Orgelpfeifen und Kirchenglocken wurden beschlagnahmt, um den Nachschub an Waffen zu sichern. Die Sterblichkeit der Säuglinge und Kinder wegen Unterernährung nahm ein erschreckendes Ausmaß an. Zu allem Unglück wurde die Stadt in den Wintermonaten, besonders im harten »Dotschenwinter« 1916 / 1917, von schweren Grippewellen heimgesucht, denen zahlreiche entkräftete Menschen zum Opfer fielen und wodurch die ausgehungerte Bevölkerung empfindlich dezimiert wurde.

Franz Kafka, der sich mitten im Krieg vom 10. bis 12. November 1916 in München aufhielt – auch er musste seine Berechtigungsscheine auf der Polizeistation abholen –, hatte Glück, den am 17. November stattfindenden einzigen Luftangriff auf München nicht miterleben zu müssen. Allerdings dürfte auch er mitbekommen haben, wie schwer es für die Frauen war, deren Söhne und Ehemänner auf den Schlachtfeldern standen und dort zu Tausenden starben, daheim an der sogenannten Heimatfront das alltägliche Leben allein zu meistern. Wie man die Daheimgebliebenen bei der Stange zu halten versuchte, konnte er in einem mit unverfrorenen Durchhalteparolen durchsetzten Zeitungsartikel vom 10. November lesen, in dem es hieß: »Draußen im Felde haben unsere Helden mit ehernen Waffen eine Mauer aufgebaut, die unseren Feinden den Einmarsch in unser teures Heimatland wehrt; in der Heimat fällt den Frauen in allererster Linie die Aufgabe zu, durch verständnisvolles Einteilen unserer Vorräte das Volk gesund und leistungsfähig zu erhalten. Viele unserer Hausfrauen sind wegen der notwendig gewordenen Einschränkungen im Verbrauch mancher Lebensmittel recht nervös geworden. Ich möchte mit Hindenburg sagen: ›Im Krieg wird man doch nicht nervös!‹«

Aber entgegen dieser dümmlichen Parolen sehnten sich die Menschen nun allenthalben nach Frieden, der aber noch zwei weitere Jahre auf sich warten ließ. Und so war auch noch der Winter 1917 zu überstehen, über den der Schriftsteller Max Pulver schrieb: »Wir hungerten sehr in München. Aber unsere Zeitungen priesen uns unser Leben als ein Paradies, die Zuckerkrankheit und andere Folgen einer zu üppigen Ernährung sollten durch die aufgedrungene Mäßigkeit verschwunden sein. In unserer Kälte und in unserer grauen Entmutigung über den Verlust so vieler Kameraden und so vielen jungen Lebens mußte der Geist uns wärmen und lebendig erhalten. Was von jungen Künstlern und von jungen Schriftstellern der Krieg noch übrig gelassen hatte, scharte sich zusammen mit den kunstliebenden Laien.«

Erst im September 1918 erklärte die Oberste Heeresleitung den Krieg für verloren und forderte die Regierung überstürzt zu Friedensverhandlungen auf. Im Oktober kam es zur Meuterei der Matrosen in Kiel. Von dort breitete sich die Revolution rasch in allen größeren Städten Deutschlands aus. Überall wurden Arbeiter- und Soldatenräte gebildet. In München schlug am 7. November 1918 eine Friedenskundgebung auf der Theresienwiese unter Führung von Kurt Eisner unversehens in einen offenen Aufstand um. Der Landtag wurde besetzt und Eisner von einem Arbeiter- und Soldatenrat zum Ministerpräsidenten eingesetzt. Mit der Absetzung König Ludwigs III. wurde Bayern über Nacht vom Königreich zum Freistaat.

Am 21. Februar 1919 wurde Eisner auf dem Weg zum Landtag von einem königstreuen Grafen ermordet, worauf linksradikale Kräfte die Räterepublik ausriefen. Zwar nahmen bald darauf Regierungstruppen aus Berlin die Stadt wieder ein, aber das politische Klima in München blieb weiterhin unruhig. Bedingt durch die Wirtschaftskrise und die lawinenartig ansteigende Geldentwertung steigerte sich die Unzufriedenheit der Bevölkerung zusehends. In diesen Jahren machte in München erstmals der Mann von sich reden, der einmal Deutschlands Schicksal bis zum furchtbaren Zusammenbruch bestimmen sollte: Adolf Hitler.

In dieser Zeit, zwischen 1900 und 1920, hielt sich Franz Kafka dreimal in München auf, und zwar in den Jahren 1903, 1911 und 1916. 1908 konnte er erstmals einzelne Texte in der Münchner Zweimonatsschrift »Hyperion« veröffentlichen.

»Dieses wunderbare München!«

Zwei Schnupperwochen in München 1903

D er junge Herr war groß, schlank, von ernster Natur, wenig gesprächig. Er sprach mit ruhiger, leiser Stimme. Er trug vorwiegend dunkle Anzüge und manchmal einen schwarzen, runden Hut. Niemals habe ich ihn aufgeregt gesehen, oder dass er laut gelacht hätte.« So beschreibt Anna Pouzerová, die als Gouvernante im Hause Kafka angestellt war, den 19-jährigen Kafka, der sich nach seinem Abitur im Sommer 1901 mit dem Gedanken trug, ein Studium zu beginnen.

Im Herbst 1901 belegte er an der »Deutschen k. k. Carl-Ferdinand-Universität« in Prag, gemeinsam mit seinen Freunden Oskar Pollak und Hugo Bergmann, das Fach Chemie. Doch dieses Fach mit den ihm unattraktiv erscheinenden Aktivitäten im Laboratorium gab er bereits nach zwei Wochen wieder auf und wandte sich im Wintersemester 1901/1902 dem Jurastudium zu. Diese Entscheidung entsprach auch weitaus mehr den väterlichen Vorstellungen. Aber schon nach einem Semester ödete ihn auch die trockene Materie der Rechtsgeschichte und Rechtstheorie an, weshalb er sich im Sommer 1902 auf die Germanistik und Kunstgeschichte einließ. Das aufdringliche deutschnationale Jubelpathos des Germanistikprofessors August Sauer, dessen Vorlesungen er hörte, widerstrebte ihm jedoch zutiefst. Seinem Freund Oskar Pollak versicherte er unter diesem Eindruck, die Germanistik, die sich in seinem Munde zu »Holzmehl« verwandle, solle »in der Hölle braten«.

Wegen der desillusionierenden Eindrücke, die ihm Sauers Vorlesungen beschert hatten, plante Kafka nun, gemeinsam mit Paul Kisch ein möglicherweise lebendigeres Germanistikstudium zum Wintersemester 1902/03 in München fortzusetzen, wo bereits ihr früherer Klassenkamerad Emil Utitz studierte.

»Der Plan konnte daheim natürlich auf großen Widerstand stoßen«, urteilte Kafkas Bekannter Gustav Janouch. »Franz Kafka wußte, daß er bei seinem Vater weder Verständnis noch die geringste Unterstützung finden würde. Deshalb sprach er über seine Zukunftspläne nur mit der Mutter. Die hörte ihn an und schrieb dann an ihren Bruder, den Landarzt Doktor Siegfried Löwy in Triesch, der daraufhin die Pläne seines Neffen, den er sehr gern hatte, von ihm selbst hören wollte. Franz Kafka fuhr also [im August 1902] mit der Familie zuerst zur Sommer-

Kafka als Abiturient, 1901

Dr. Siegfried Löwy
(1867–1942), Kafkas
Lieblingsonkel

Ludwig-Maximilians-Universität in München um 1910

frische nach Libochowitz und dann zu seinem Onkel Siegfried nach Triesch. Dieser Onkel, welcher mir in dem kleinen, altertümlichen Städtchen des böhmisch-mährischen Hügellandes von alten Leuten, die sich seiner noch erinnerten, als optimistisch gestimmter Erfahrungsmensch und großzügiger Menschenfreund geschildert wurde, ermöglichte seinem Neffen vorerst eine unverbindliche Erkundungsfahrt nach der Isarstadt. Franz Kafka sollte sich überzeugen, ob die Kulturatmosphäre Münchens wirklich den Ansprüchen seiner Vorstellungen entsprach.«

»Ich fahre [...] nach München, studieren, ja studieren!«, so jubelte Kafka in Vorfreude auf diese Veränderung in einem Brief an seinen Freund Oskar Pollak.

Doch trotz der positiven Vorzeichen schien es, vermutlich infolge väterlicher Einwendungen, Verzögerungen zu geben, denn erst am Montag, den 13. Oktober 1902, beantragte er für die geplante Reise nach Deutschland einen Reisepass, der ihm am Freitag, den 17. Oktober, ausgehändigt wurde. Anstatt nun gleich nach München zu fahren, nahm er im Wintersemester 1902/1903 im dritten Semester erneut das Jurastudium an der juristischen Fakultät der Prager Karls-Universität auf und hörte Vorlesungen zum Erb-, Obligationen- und deutschen Privatrecht, außerdem zum Völker- und Kirchenrecht. »Prag läßt nicht los. Uns beide nicht«, klagte er unter diesem Eindruck im Dezember 1902 ernüchtert seinem Freund Oskar Pollak. »Dieses Mütterchen hat Krallen. Da muß man sich fügen oder – an

DIE ELF SCHARFRICHTER

Kafkas Nachricht an
Egon Erwin Kisch auf
einer Postkarte der
»Elf Scharfrichter«

zwei Seiten müßten wir es anzünden, am Vysehrad und am Hradschin, dann wäre es möglich, daß wir loskommen.«

Der Gedanke, doch noch in München Germanistik zu studieren, beschäftigte ihn weiterhin, obwohl er sich auch noch im Sommersemester 1903, seinem vierten Semester, dem juristischen Studium widmete und bereits im Juli für seine erste Staatsprüfung in Rechtsgeschichte büffelte. Am 18. Juli legte er dann auch mit »gutem« Erfolg die rechtshistorische Staatsprüfung ab. Darauf verbrachte er die Sommerferien in Salesel bei Aussig und fuhr für kurze Zeit nach Dresden, um sich in Dr. Lahmanns Naturheilsanatorium zu erholen.

Im Wintersemester 1903 / 1904 belegte Kafka im fünften Semester zwar erneut die staats-, privat- und strafrechtlichen Vorlesungen, aber Ende November 1903 – vermutlich von Dienstag, den 24. November bis Samstag, den 5. Dezember – fuhr er schließlich zum ersten Mal in seinem Leben nach München, um sich probeweise ein Bild von der Stadt zu verschaffen. Für den knapp zweiwöchigen Aufenthalt nahm er Quartier in der Pension Lorenz am Botanischen Garten in der Sophienstraße 15 im dritten Stock. Gerne saß er in Kaffeehäusern, widmete sich im Luitpold ausgiebig der Lektüre von Zeitschriften und besuchte Museen. Das spätherbstliche München schien ihm durchaus zu gefallen, wie er bereits zwei Tage nach Ankunft in der Stadt, am 26. November 1903, notierte: »Das Oberflächlichste« der Stadt habe er »gerade betastet«. Aber »erst beim Verdauen kann man etwas über dieses wunderbare München sagen.« Kafka schien damals gefühlt zu haben, dass dieses »wunderbare München« und insbesondere Schwabing mit seinen literarischen Kabaretts, Bohemelokalen und Malerateliers, »kein Ort, sondern ein geistiger Zustand« war, geprägt von einer in allen Facetten schillernden künstlerischen Aufbruchstimmung, die er nun in sich aufsaugen wollte.

Obwohl sich Franz Kafka bewusst war, dass die rechtswissenschaftlichen Vorlesungen in Prag bereits wieder begonnen hatten, dachte er vorläufig nicht an Rückkehr. Vielmehr wartete er sehnsüchtig auf Nachricht seines ehemaligen Klassenkameraden, des ortskundigen Paul Kisch, der bereits seit einem Jahr in München studierte. Er hatte versprochen, ihm Adressen und Kontakte zu nennen, die ihm den Anschluss an das Münchner Leben ermöglichen sollten, damit er hier Fuß fassen und mit dem Studium beginnen konnte. Aber Kisch erfüllte sein Versprechen nicht, obwohl ihm Kafka eine Postkarte nach der anderen schrieb, in denen er flehentlich um Hilfe bat. Seinem ehemaligen Mitschüler Emil Utitz – auch er studierte seit dem Sommersemester 1902 Philosophie in München – ging er aus dem Weg, weil ihm dessen aufdringliches Gehabe auf die Nerven ging. Als Kafka keine Nachricht von Kisch erhielt, machte er sich am 5. Dezember verärgert auf die Rückreise nach Prag. Bei der Zwischenstation in Nürnberg entlud sich seine aufgestaute Enttäuschung in einer Nachricht an den unzuverlässigen Kisch: »Du verfluchter Kerl, Du bist der einzige, an den ich nur mit Wuth habe denken können. Das hier ist also die fünfte Karte. Ich bitte um die Adressen, bitte bitte, sollte ich am Ende auf den Knien nach Prag rutschen? Na warte!«

Nach diesem unerfreulichen Erlebnis schien es zwischen ihm und Kisch zur Entfremdung gekommen zu sein. Weitere Korrespondenz ist jedenfalls nicht überliefert, ganz abgesehen davon, dass Kisch nach seinem Eintritt in eine schlagende Studentenverbindung einen deutschnationalen Habitus annahm, den Kafka schon an seinem Professor Sauer nicht hatte ausstehen können.

Kafka war also tief frustriert, da es abermals zu keinem Ortswechsel und auch zu keinem Wechsel des Studienfaches gekommen war. Verantwortlich dafür dürften allerdings nicht allein die Vernachlässigung durch Paul Kisch gewesen sein, sondern auch die ihm stets gegenwärtigen Einwände des Vaters, der sich für seinen Sohn eine bürgerliche Laufbahn wünschte. Die durch all diese Faktoren beeinflusste Enttäuschung bündelte Kafka 1917 in einer kurzen Briefnotiz, in der er München als »eine Stadt« bezeichnet, »die mich außer als [...] trostlose Jugenderinnerung gar nichts anging«. Dies bestätigte auch Kafkas Bekannter Gustav Janouch, der noch eine andere Begründung überlieferte: »Noch 20 Jahre später erzählte mir mein Vater, dass ihm Doktor Kafka einigemal im Büro gesagt habe: ›Nichts zerstört den Menschen so gründlich wie Bier und Wirtshausquatsch. So ist es in München, und so ist es in Prag.‹«

Nach seiner Rückkehr stürzte sich Kafka endgültig in das ungeliebte Rechtsstudium, »letzteres nur als Notbehelf, ohne Vorliebe, wie so mancher von uns«, so notierte Max Brod, wobei ihm die Eintönigkeit der Lehrinhalte keinen besonderen persönlichen Einsatz abforderten. Im Rückblick darauf schrieb Kafka 16 Jahre später: »Ich studierte also Jus. Das bedeutete, daß ich mich in den paar Monaten vor den Prüfungen unter reichlicher Mitnahme der Nerven geistig förmlich von Holzmehl nährte, das mir überdies schon von tausend Mäulern vorgekaut war.« Und in seinem berühmten Brief an den Vater fasst er diese Einstellung in zwei Sätzen zusammen: »Also eigentliche Freiheit der Berufswahl gab es für mich nicht, ich wusste: alles wird mir gegenüber der Hauptsache [gemeint ist die Literatur] genau so gleichgültig sein, wie alle Lehrgegenstände im Gymnasium, es handelt sich also darum einen Beruf zu finden, der, ohne meine Eitelkeit allzu sehr zu verletzen, diese Gleichgültigkeit am ehesten erlaubt. Also war Jus das Selbstverständliche.«

»Die Kafkas sind schön und ich drucke sie«

Kafkas erste Veröffentlichung erschien in München 1908

K afkas zweites Münchenerlebnis verlief bedeutend erfreulicher, konnte er doch im März 1908 seine erste Veröffentlichung überhaupt in der Münchner Zweimonatsschrift »Hyperion«, die Franz Blei soeben neu gegründet hatte, platzieren.

Der 1871 in Wien geborene Franz Blei lebte von 1900 bis 1925 in München, wo er zu den schillerndsten Persönlichkeiten zählte. Mit seinen als »Privatdrucke« veröffentlichten erotischen Komödien, die ihm den Titel eines »Pornographen« einbrachten, machte er Furore. Im Sommerbad seiner Münchner Villa, so vermerkte die Presse, tummelten sich »nackte, auch berühmte Gestalten«. 1907 wurde er wegen Vergehens gegen die Sittlichkeit vor ein Münchner Gericht geladen. Während sein Buch »Von amoureusen Frauen« verboten wurde, sprach man ihn frei. Bitter-ironisch notierte Blei, dass ihn die meisten Geschworenen später um die Zusendung des indizierten Buches gebeten hätten.

Auch Franz Kafka hatte davon Kenntnis, wie er am 26. November 1911, in sein Tagebuch notierte: »Blei wird in den Münchner litterarischen Gesellschaften wegen litt. Schweinereien mißachtet, von seiner Frau, die als Zahnärztin ein besuchtes Atelier hatte und ihn erhielt, ist er geschieden, seine Tochter 16 Jahre blond mit blauen Augen ist das wildeste Mädel von München.«

Neben dem galanten Schriftsteller kannte man Blei aber auch als den ernsthaften Literaten, Essayisten, Übersetzer und Herausgeber, der als zentrale Persönlichkeit des literarischen Lebens um die Jahrhundertwende galt und sich als Gründer von etwa ein Dutzend anspruchsvoller literarischer Zeitschriften – darunter »Der Amethyst«, »Die Opale« und »Hyperion« – einen Namen gemacht hatte. 1911 schwärmte Kafka augenzwinkernd von »diesem bewunderungswerten Mann, den die Heftigkeit und noch mehr die Mannigfaltigkeit seiner Talente in die dichteste Literatur hineintreibt, wo er sich aber nicht befreien und halten kann, sondern mit verwandelter Energie zu Zeitschriftengründungen entläuft.«

Schon immer setzte sich Blei als Entdecker und Förderer junger literarischer Talente ein, wobei er ein ausgeprägtes Gespür für Qualität hatte. Zu seinen Schützlingen gehörten neben Robert Musil und dem damals noch unbekannten Robert

In der Münchner Zeitschrift »Hyperion« erschien 1908 Kafkas erste Veröffentlichung unter dem Titel »Betrachtung«

Walser auch Franz Kafka. Wie dessen Leben, so war auch Bleis Ende düster. 1930 erbettelte er von seinen Kollegen »400 Mark für Ausreise und Rettung« und emigrierte in die USA. Die NSDAP verbot seine Werke in der irrtümlichen Meinung, er sei Jude. 1940 erhielt Thomas Mann von Bleis Tochter ein Telegramm: »Please save Franz Blei.« Doch er war nicht mehr zu retten. Verarmt und einsam starb er 1942 in Westbury, New York.

Franz Kafka und sein Freund Max Brod hatten die beiden Zeitschriften »Der Amethyst« und »Die Opale« abonniert und Kafka las gern darin. Da Brod für beide Zeitschriften schrieb, verband ihn schon bald ein enger persönlicher Kontakt mit Blei, der immer wieder von München nach Prag kam und sich als Gast bei Brod, wie dieser notierte, recht »heimisch fühlte«. Bei einem dieser Besuche – wohl im Frühjahr 1907 – stellte ihm Brod Franz Kafka vor. Der war von Blei höchst be-

29

Franz Blei (1871–1942),
der Herausgeber der
Zweimonatszeitschrift »Hyperion«
mit Frau und Tochter

eindruckt, bezeichnete ihn seinem Bekannten Gustav Janouch gegenüber als »riesig gescheit und witzig. Er ist immer lustig, wenn wir mit ihm zusammenkommen. Die Weltliteratur defiliert in Unterhosen an unserem Tisch vorbei. Blei ist viel gescheiter und größer als das, was er schreibt. Das ist auch ganz natürlich, da es nur eine hingeschriebene Unterhaltung ist. Der Weg vom Kopf zur Feder ist aber viel länger und schwieriger als der Weg vom Kopf zur Zunge. [...] Franz Blei ist ein nach Deutschland verirrter, orientalischer Anekdotenerzähler.« Blei schien sich auf diese ihm sicher nicht bekannte Äußerung in seinem 1922 erschienenen Buch »Das große Bestiarium der modernen Literatur« gleichsam revanchiert zu haben, wenn er darin Kafka folgendermaßen charakterisierte: »Die Kafka ist eine sehr selten gesehene, prachtvolle mondblaue Maus, die kein Fleisch frisst, sondern sich von bittern Kräutern nährt. Ihr Anblick fasziniert, denn sie hat Menschenaugen.«

Zum Zeitpunkt der ersten Begegnung mit Kafka dachte Blei an die Gründung einer Münchner Zweimonatsschrift mit dem Titel »Hyperion«, in der er »die schriftstellerischen und künstlerischen Kräfte dieser Zeit in ihren stärksten Formungen« vorstellen wollte. Der gut situierte Carl Sternheim hatte ihm für dieses Projekt bereits eine finanzielle Unterstützung von zehntausend Mark zugesagt. Für das erste Heft des »Hyperion« wollte Blei nun auch Texte von Kafka, der bis dahin noch nichts publiziert hatte. Und so stellte Kafka im Sommer 1907 acht kleine Prosastücke unter dem Titel »Betrachtung« zusammen. Dabei handelte es sich um folgende Texte: I. Der Kaufmann – II. Zerstreutes Hinausschaun – III. Der Nachhauseweg – IV. Die Vorüberlaufenden – V. Kleider – VI. Der Fahrgast – VII. Die Abweisung – VIII. Die Bäume.

Diese Texte waren zum einen Teil dem ersten Manuskript seiner Novelle »Beschreibung eines Kampfes« entnommen, zum andern Teil erst wenige Monate vorher entstanden. Alle zeichnen sich durch ihre Skizzenhaftigkeit aus, wie etwa dieser Text:

Zerstreutes Hinausschaun
Was werden wir in diesen Frühlingstagen tun, die jetzt rasch kommen? Heute früh war der Himmel grau, geht man aber jetzt zum Fenster, so ist man überrascht und lehnt die Wange an die Klinke des Fensters.
Unten sieht man das Licht der freilich schon sinkenden Sonne auf dem Gesicht des kindlichen Mädchens, das so geht und sich umschaut, und zugleich sieht man den Schatten des Mannes darauf, der hinter ihm rascher kommt.
Dann ist der Mann schon vorübergegangen und das Gesicht des Kindes ist ganz hell.

Kafkas »Betrachtung« erschien 1908 im Januar / Februar-Heft des »Hyperion«. Dabei war er als einziger Newcomer neben so namhaften Autoren wie Hugo von

Hofmannsthal und Rainer Maria Rilke platziert. Es verwunderte nicht, dass Nachfragen kamen, ob dieser Franz Kafka nicht womöglich nur ein Pseudonym des Schriftstellers Robert Walser sei.

Noch im selben Jahr schickte Brod gegen Kafkas Widerstand weitere groteske Prosatexte an Blei: »Gespräch mit dem Beter« und »Gespräch mit dem Betrunkenen«, die Kafkas Fragment »Beschreibung eines Kampfes« entnommen waren. Blei schrieb an Brod: »Die Kafkas sind schön und ich drucke sie.« Beide Beiträge erschienen im März / April-Heft des zweiten Jahrganges des »Hyperion« 1909. Mittlerweile waren weitere renommierte Beiträger dazugestoßen, darunter Heinrich Mann und Robert Musil und bald wurde der »Hyperion« in der Fachwelt als »vornehmste künstlerisch-literarische Zeitschrift Deutschlands« bezeichnet. Als Autor dieser Zeitschrift besaß man damit eine Visitenkarte, mit der man in literarisch interessierten Kreisen Aufsehen erregen und Anerkennung gewinnen konnte.

Wie viele andere bedauerte es daher auch Kafka, als der »Hyperion« nach lediglich zwei Jahrgängen sein Erscheinen wegen finanzieller Schwierigkeiten, aber auch wegen Meinungsverschiedenheiten zwischen Herausgeber und Verleger, einstellen musste. 1911 verfasste er unter dem Titel »Eine entschlafene Zeitschrift« einen Nachruf auf dieses wertvolle Periodikum, in der er seine Zuneigung, aber auch die Schwachstellen der Zeitschrift kritisch zum Ausdruck brachte. Er bezeichnete die Annahme, dass im »Hyperion« alle wichtigen Literaten versammelt seien, als »Irrtum«, denn »diejenigen, welche ihre Natur von der Gemeinschaft fernhält, können nicht ohne Verlust regelmäßig in einer Zeitschrift auftreten, wo sie sich zwischen den andern Arbeiten in eine Art bühnenmäßigen Lichts gestellt fühlen müssen und fremder aussehn, als sie sind.« Diese an der Grenze Lebenden und Schreibenden »zu repräsentieren, zu zeigen, zu verteidigen, zu kräftigen«, sei deshalb auch dem »Hyperion« nicht gelungen. Meinte er mit dieser Äußerung nicht vorrangig sich selbst? Gleichwohl, so Kafkas Überzeugung, würde diese Zeitschrift auch noch »in zehn oder zwanzig Jahren einfach ein bibliographischer Schatz sein«. Und damit behielt er Recht.

»In zwanzig Minuten durch München geschnurrt«

Eine Blitzfahrt durch München 1911

E rst acht Jahre nach seinem ersten zweiwöchigen Münchenaufenthalt sah Franz Kafka die Stadt wieder, in der es ihm nicht gelungen war, ein Germanistikstudium aufzunehmen. 1911 kam er mit seinem Freund Max Brod auf der gemeinsam geplanten Reise von Prag nach Zürich, Luzern, Lugano und Mailand für einen halbstündigen Zwischenaufenthalt bei Nacht und Regen nach München.

Bei der Anreise stieg im Zwischenhalt in Pilsen eine lebhafte, junge Frau zu den beiden Reisenden in das Abteil. »Angela Rehberger«, so stellte sich das Fräulein vor, bevor sie neben Kafka Platz nahm. Als ihr Hut von der Ablage auf den Kopf von Max Brod rutschte, war der Kontakt hergestellt und die drei kamen miteinander ins Gespräch. Ungeniert plauderte die junge Dame davon, dass sie in einem Bistro arbeite, dass sie jüngst erkrankt gewesen sei und noch immer eisenhaltige Medizin nehmen müsse. Kafka riet ihr, den Ärzten besser zu misstrauen und sich natürlichen Heilmethoden zuzuwenden, was Angela Rehberger aber nur ein Lächeln entlockte. Max Brod, der sich für die junge Frau mehr und mehr zu interessieren begann, lud sie in den Speisewagen ein.

Als der Zug in München hielt, wollte die aparte Reisebegleiterin umsteigen, um weiter zu ihren Eltern nach Triest zu fahren. Da ihr Zug wie auch der ihrer beiden Reisebegleiter aber erst später ging, machte Brod den Vorschlag, den halbstündigen Zwischenaufenthalt für eine Blitztour durch die Stadt zu nutzen. Fräulein Rehberger, die sich anfänglich etwas zierte, ließ sich schließlich doch überreden. Eingepfercht in ein Taxi, rasten die drei in nur 20 Minuten in atemberaubendem Tempo durch die Stadt.

Von all den Sehenswürdigkeiten bekamen sie so gut wie nichts mit, da es dunkel war und in Strömen regnete. Von den Gebäuden mochten sie gelegentlich den ersten Stock gesehen haben – mehr nicht, da ihnen zu allem Verdruss der große Schirm des Autos zusätzlich die Sicht nahm. Vom Anblick des Kellergeschosses leiteten sie phantastische Vorstellungen über die Höhe der Schlösser und Kirchen ab. Der Chauffeur, dazu aufgefordert, rief die Namen der unsichtbaren Sehens-

Münchner Hauptbahnhof 1911

würdigkeiten. Die Reifen rauschten auf dem nassen Asphalt wie der Apparat im Kinemathographen.

Ein Denkmal erklärten Kafka und Max Brod in einem glücklichen Einfall zum berühmten Wagnerdenkmal. »Nur beim Freiheitsmonument mit seinen im Regen klatschenden Fontänen ist längerer Aufenthalt gegönnt«, notierte Kafka später in sein Reisetagbuch. »Das Deutlichste sind die unverhängten großen Fenster des Restaurants ›Vier-Jahreszeiten‹, dessen Name uns als des elegantesten irgendwie bekannt war. Verbeugung eines livrierten Kellners vor einer Tischgesellschaft. Brücke über die nur geahnte Isar. Schöne herrschaftliche Villen längs des Englischen Gartens. Ludwigstraße, Theatinerkirche, Feldherrnhalle, Pschorrbräu.«

Obwohl die beiden schon einmal in München waren, erkennen sie nichts wieder. »Dann Sendlinger Tor und zurück zum Bahnhof.« So sind die beiden »wie eine daraufhin ausgerechnete Feder in genau zwanzig Minuten durch die Stadt geschnurrt, nach dem Taxameter.«

Max Brod war von der wenig erbaulichen Blitztour nicht besonders enttäuscht, hatte er doch inzwischen mehr Augen für die attraktive Reisebekanntschaft als für Denkmäler und Kirchen. Im Gegensatz zu seinem Freund Franz wäre er einem amourösen Abenteuer nicht abgeneigt gewesen. Doch während er darüber nachdachte, wie man eine gemeinsame Nacht in München verbringen

Ludwigstraße in München um 1910

könnte, schien Kafka kein Interesse daran zu haben. Angela Rehberger spürte dies instinktiv und hielt sich deshalb auch mehr an Kafka, da er ihr vertrauenswürdiger erschien als dieser Max Brod mit seinen aufdringlichen Annäherungsversuchen.

Nach der Hatz durch München brachten die beiden das Fräulein zu ihrem Zug, wobei ihr Kafka den Koffer trug, so »wie wenn sie ihn unverdient beglückt hätte«. Zurück blieb nur ein »peinliches Gefühl«. Danach suchten Franz und Max im Bahnhof einen Waschraum auf, wo ihnen eine Kabine angewiesen wurde und wo sie sich rasch Hände und Gesicht waschen konnten. Und schon reisten auch sie weiter, wobei sie die Nacht auf den Holzbänken ihres Coupes verbrachten, anstatt, wie sich dies Brod ausgemalt hatte, in einem angenehmen Hotelbett zusammen mit dem Fräulein.

Am Morgen waren sie dann bereits weit weg von München, in der Schweiz und statt Regen erwartete sie herrliches Wetter »mit einem Himmel so blau und glatt, dass jede Wolke an ihm abrutschen« müsste, wie Kafka schwärmte.

Diese 20-minütige nächtliche Blitztour durch München schien nicht gerade dazu beigetragen zu haben, Kafkas Sympathie für diese Stadt zu vergrößern. Auch seine 1911 notierten Tagebucheinträge über München zeigen keine besondere Begeisterung. So notierte er am 28. März 1911 etwa über Rudolf Steiner. »Er führte in München sein Theaterstück auf. (Da kannst du es ein Jahr lang studieren und

Franz Kafka
um 1910 / 1911

verstehst es nicht.) Die Kleider hat er gezeichnet, die Musik geschrieben. [...] Ein
Münchner Arzt heilt mit Farben, die Dr. Steiner bestimmt. Er schickt auch Kranke
in die Pinakothek mit der Vorschrift vor einem bestimmten Bild eine halbe Stunde
oder länger sich zu koncentrieren.«

Zwei weitere Einträge befassen sich mit sittlichen Aspekten der Stadt München.
Im Herbst 1911, am 26. September, erinnerte sich Kafka an »Geschichten von einer
Künstlerpension in München, wo Maler und Veterinärärzte wohnten (die Schule
der letztern war in der Nähe) und wo es so verlottert zugieng, daß die Fenster des
gegenüberliegenden Hauses, von wo man eine gute Aussicht hatte vermietet wurden. Um diese Zuseher zu befriedigen, sprang manchmal ein Pensionär auf das
Fensterbrett und löffelte in Affenstellung seinen Suppentopf aus.«

Und am 29. November 1911 dann noch folgende Notiz: »Sehr ergiebiger Fasching
in München. Nach dem Meldeamt kommen während des Faschings über 6000
Frauen ohne Begleitung nach München offenbar nur um sich koitieren zu lassen.
Es sind Verheirathete, Mädchen, Witwen aus ganz Bayern, aber auch aus den an-
grenzenden Ländern.«

»Das Ereignis eines Buches«

Max Brods Münchner Kafka-Kritik 1913

A m 15. Februar 1913 erschien in der von Ludwig Thoma und Hermann Hesse herausgegebenen Münchner Literaturzeitschrift »März« unter dem Titel »Das Ereignis eines Buches« Max Brods rhapsodischer Lobartikel auf Kafkas Erstveröffentlichung »Betrachtung«, den Kafka sicher als einen, wenngleich ihn beschämenden Gruß aus München empfand und in dem es unter anderem hieß: »Ich könnte mir sehr gut einen denken, dem dieses Buch in die Hand fällt und der von Stund an sein ganzes Leben ändert, ein neuer Mensch wird. Eine solche Unbedingtheit und süße Kraft dringt aus diesen wenigen kurzen Prosastücken. Man kann sie zunächst nicht fassen, nicht zergliedern. Ich wüßte keinen modernen oder alten Autor, mit dem Franz Kafka Erkleckliches gemein hätte [...] das ganze Buch ist lückenlos, fehlerlos, unverletzlich wie eine gute Panzerplatte [...] alle, die Franz Kafka persönlich kennen, den zurückhaltenden, ins Allerfeinste durchgearbeiteten Menschen, werden bestätigen, was ich hier schreibe: Sein Charakteristikum ist, daß er lieber gar nichts will als das Bedingte oder Mangelhafte. Dieser äußerste herzerhebende ungewollte Rigorismus beeinflußt jede seiner Lebenstätigkeiten. Wo er nicht die Vollkommenheit, das ekstatischste Glück erreichen kann, verzichtet er ganz. So hat er sich eine Lebensweise und Denkart gebildet, die, ganz geoffenbart, den Ungläubigsten erschüttern müßte. In unserer Zeit der Kompromisse wirkt da im stillen, im tiefen eine Macht von mittelalterlicher Innigkeit, von einer neuen Moral und Religiosität. [...]

Man lese nur etwa das Stück ›Entschlüsse‹. ›Es ist leicht‹, sagt Kafka, ›sich aus einem Zustand natürlichen Unglücks gewaltsam herauszureißen. Aber selbst wenn es so geht, wird mit jedem Fehler, der nicht ausbleiben kann, das Ganze, das Leichte und das Schwere, stocken, und ich werde mich im Kreise zurückdrehn müssen. Deshalb bleibt doch der beste Rat, alles hinzunehmen, als schwere Masse sich verhalten und fühle man sich selbst fortgeblasen, keinen unnötigen Schritt sich ablocken lassen. [...]‹ Mit einem solchen Credo der Unbeirrbarkeit und Festigkeit betritt ein neuer Mann die Bühne der Literatur.

Es verbietet sich von selbst, die Maßstäbe anzulegen, die man sonst vor Erstlings-

FRANZ KAFKA

BETRACHTUNG

Kafkas erste
Buchveröffentlichung
»Betrachtung« erschien
1912 / 1913

büchern in Bewegung setzt. Schon aus dem äußerlichen Grunde nicht, weil Kafka, ein 30-Jähriger, seit seiner Jugend als einer der fleißigsten schreibt. Aber seine Strenge und Unbedingtheit wendet sich zunächst gegen seine eigene literarische Produktion und, als seine Freunde nach jahrelangen Bitten ihn zur Herausgabe eines Buches bewogen, wählte er aus seinen Manuskriptstößen nur diese wenigen Prosastücke, die der Verlag Rowohlt ihrem Wert angemessen in erlesenem Druck, in einer einmaligen Ausgabe von 800 numerierten Exemplaren herausgab. Selbst die vertrautesten Freunde jedoch merken nicht den Vorzug dieser ausgewählten Stücke vor den Schätzen, die vorläufig nach dem Wunsch des Dichters im Verborgenen bleiben. Im Detail mag also der Unterschied nicht liegen, wohl aber in der Reinheit des Gefühls, über das der Dichter mit Flaubertscher Unerschütterlichkeit wacht. Es ist die Liebe zum Göttlichen, zum Absoluten, die aus jeder Zeile

Max Brod (Zeichnung von Willi Nowak)

spricht. Und mit einer solchen Selbstverständlichkeit, daß an diese grundlegende Moral gar kein Wort mehr verschwendet wird: worin sich dieses Buch mit bedeutsamem Ernst von der Masse essayistischer oder erbaulicher Marktschriften abhebt. Nein, hier ist die mystische Versunkenheit in das Ideal endlich einmal erlebt, daher unausgesprochen, und auf ihrer Hochfläche baut sich nun mit scheinbar spielender Leichtigkeit ein neues Pathos, ein neuer Humor, eine neue Melancholie auf. Phantastische Bilder: Ein Ausflug von lauter ›Niemand‹ ins Gebirge. Oder dialektische Tänze von zartester, beinahe schon unauffälliger Paradoxie: ›Denn wir sind wie Baumstämme im Schnee. Scheinbar liegen sie glatt auf und mit kleinem Anstoß sollte man sie wegschieben können. Nein, das kann man nicht, denn sie sind fest mit dem Boden verbunden. Aber sieh, sogar das ist nur scheinbar […].‹«

Kafka empfand diese Lobeshymne aus der Münchner Literaturzeitschrift »März« geradezu als peinlich und er reagierte darauf beschämt, wie er auch in seinem Brief vom 14./15. Februar 1913 an seine Verlobte Felice deutlich zum Ausdruck bringt, wenn er schreibt:

»Heute mittag hätte ich ein Loch gebraucht, um mich darin zu verstecken; ich habe nämlich im neuen Heft des ›März‹ die Besprechung meines Buches von Max gelesen; ich wußte, daß sie erscheinen wird, aber ich kannte sie nicht.

Es sind schon paar Besprechungen erschienen, natürlich nur von Bekannten, nutzlos in ihrem übertriebenen Lob, nutzlos in ihren Anmerkungen und nur als Zeichen der irregeleiteten Freundschaftlichkeit, der Überschätzung des gedruckten Wortes, des Mißverstehens des Verhältnisses der Allgemeinheit zur Literatur zu erklären. Sie haben dies schließlich mit der größten Anzahl der Kritiken überhaupt gemeinschaftlich und wären sie nicht ein trauriger, allerdings bald sich verbrauchender Stachel für die Eitelkeit, man könnte sie ruhig gelten lassen.

Maxens Besprechung aber übersteigt alle Berge. Weil eben die Freundschaft, die er für mich fühlt, im Menschlichsten, noch weit unter dem Beginn der Literatur, ihre Wurzel hat und daher schon mächtig ist, ehe die Literatur nur zu Atem kommt, überschätzt er mich in einer solchen Weise, die mich beschämt und eitel und hochmütig macht, während er natürlich bei seiner Kunsterfahrung und eigenen Kraft das wahre Urteil, das nichts als Urteil ist, geradezu um sich gelagert hat. Trotzdem schreibt er so.

Wenn ich selbst arbeiten würde, im Fluß der Arbeit wäre und von ihr getragen, ich müßte mir über die Besprechung keine Gedanken machen, ich könnte Max in Gedanken für seine Liebe küssen, und die Besprechung selbst würde mich gar nicht berühren! So aber – Und das Schreckliche ist, daß ich mir sagen muß, daß ich zu Maxens Arbeiten nicht anders stehe als er zu den meinen, nur daß ich mir dessen manchmal bewußt bin, er dagegen nie.«

Lesen mit still verzweifelter Magie

Der lesende Kafka

Kafka beim Vorlesen. (Zeichnung von Friedrich Feigl)

Während Kafkas Einstellung zur Veröffentlichung seiner Texte zeitlebens recht ambivalent war, scheute er sich nicht, Ergebnisse seiner Sprachproduktion immer wieder vorzutragen, allerdings vorrangig nur im überschaubaren und einigermaßen vertrauten Freundeskreis, so etwa vor Max Brod, Oskar Baum, Felix Weltsch, Franz Werfel sowie deren Angehörigen. Auch seine Schwestern, insbesondere Ottla, und gelegentlich die Eltern gehörten zu den Hörern. Bekannt sind auch Lesungen in der Familie seiner Verlobten Felice Bauer sowie im Salon von Emilie Marschner, der Ehefrau seines obersten Vorgesetzten in der Arbeiter-Unfall-Versicherung. Nicht nur eigene Werke, auch Arbeiten anderer, ihm wichtiger Autoren, so etwa von Kleist, Hebel, Grillparzer und Dickens, trug er im privaten Kreis vor, im Dezember 1913 sogar einmal bei einer kleinen Wohltätigkeitsveranstaltung im Jüdischen Rathaus von Prag.

»Kafka gehörte einer Gruppe von Schriftstellern an«, erwähnte der avantgardistische Maler und Grafiker Friedrich Feigl, »die sich gegenseitig ihre Werke vorzulesen pflegten. Ich weiß noch, wie Kafka in diesem Kreis seine Skizze ›Der Kübelreiter‹ vorlas [...] Kafka las es mit einem sicheren Gefühl für die feinen Pointen vor, mit einer knabenhaften Stimme.

Diese Knabenhaftigkeit ist ein charakteristisches Merkmal, das ihn sein ganzes Leben lang nicht verlassen hat.«

Kafka las allem Anschein nach sehr viel zurückhaltender vor, als es zu seiner Zeit üblich war, wodurch er auf manchen Zuhörer etwas blass wirkte, wie dies auch Leopold Kreitner, ein Bekannter Kafkas, empfand, der seine Stimme »leise und zart und recht hoch«, nannte. »Er hatte eine begrenzte, aber schöne Tenorstimme.«

»Seine scheinbar erloschene Stimme«, so bemerkte hingegen der Schriftsteller Fred Berence, »wurde im Lauf des Gesprächs immer lebhafter, wurde warm, volltönend und farbig.«

Auch Kafkas Bekannte und Freunde kannten von Kafka einen ganz anderen, durchaus beeindruckenden Vortragsstil. So lobte Kafkas Freund Felix Weltsch »die Form, genauer den Rhythmus und die Musik seiner Sprache, der unsagbar schöne Wunderbau seiner Perioden, der den Leser, vielmehr noch den Hörer mit festem Zwang in seinen Bann zieht – und mit überwältigender Kraft, wenn Franz Kafka selbst uns vorlas. [...] Seine Sprache ist rein und konsequent, sein Stil Rhythmus und Melodie. Und diese wunderbare Vermählung von Lyrik und Musik bildet den Zauber seiner Sprache.«

»Wenn er vorlas – das war seine besondere Leidenschaft –«, schwärmte der Schriftstellerkollege Oskar Baum, »dann unterordnete sich der Ausdruck des einzelnen Worts bei voller Klarheit jedes Lauts, in zuweilen schwindelerregendem Zungentempo, ganz einer musikalischen Breite der Phrasierung von endlos langem Atem und gewaltig sich steigernden Crescendi der dynamischen Terrassen – wie ihn ja auch seine Prosa hat, deren abgeschlossene Stücke zuweilen wie ›Die Zirkusreiterin‹ [in Kafkas Erzählung ›Auf der Galerie‹] im Wunderbau eines einzigen Satzes gewachsen sind.«

»Kafka spricht durch sein Gesicht«, betonte sein Bekannter Gustav Janouch. »Wo er das Wort durch eine Bewegung der Gesichtsmuskeln ersetzen kann, tut er es. Ein Lächeln, Zusammenziehen der Augenbrauen, Kräuseln der schmalen Stirne, Vorschieben oder Spitzen der Lippen – das sind Bewegungen, die gesprochene Sätze ersetzen. Franz Kafka liebt Gesten, und darum geht er mit ihnen sparsam um. Seine Geste ist keine das Gespräch begleitende Verdoppelung des Wortes, sondern Wort einer Art selbständigen Bewegungssprache selbst, ein Verständigungsmittel, also keineswegs passiver Reflex, sondern zweckmäßiger Willensausdruck. Falten der Hände, ausgebreitetes Hinlegen der Handflächen auf die Schreibunterlage des Schreibtisches, behagliches und dabei doch gespanntes Zurückbeugen des Oberkörpers im Stuhl, Vorbeugen des Kopfes in Verbindung mit Hochziehen der Schultern, Pressen der Hand ans Herz – das ist ein kleiner Teil seiner sparsam angewendeten Ausdrucksmittel, die er immer mit einem entschuldigenden Lächeln begleitet, als wollte er sagen: ›Es ist wahr, und ich gestehe, daß ich spiele; doch hoffe ich, daß euch mein Spiel gefällt. Und dann – dann mache ich das ja nur, um euer Verständnis auf eine ganz kleine Weile zu gewinnen.‹«

»Er schien nach innen der strengste, für die Welt der freundlichste Mensch zu sein. Der Klang seiner Stimme war von einer ungekünstelten Milde, dabei von einer bescheidenen Sicherheit«, empfand Friedrich Thieberger und Rudolf Fuchs äußerte: »Er las mit solch einer still verzweifelten Magie, dass ich ihn auch heute noch […] in dem abgedunkelten schmalen Vortragssaal vor mir sehe. […] In der letzten Zeit seines Lebens sprach er leiser und atmete schwer.«

In dieser Zeit erlebte ihn seine letzte Partnerin Dora Diamant: »Seine Handgelenke waren sehr schlank und seine Finger lang und ätherisch. Diese Finger belebten sich, wenn er eine Geschichte erzählte, und begleiteten gleichsam sprechend seine Worte; er redete nicht so sehr mit den Händen als mit den Fingern. […] Das Markanteste an seinem Gesicht waren seine Augen, die offen, mitunter sogar weit geöffnet waren, er mochte reden oder zuhören. Sie starrten nicht erschreckt, wie manchmal von ihm behauptet wurde, eher war ein Ausdruck von Verwunderung in ihnen. Er hatte braune, schüchterne Augen, in denen es aufleuchtete, wenn er sprach. Es erschien in ihnen mitunter ein Funke Humor, der jedoch weniger ironisch als schalkhaft war, so als ob er Dinge wüßte, die andere Leute nicht kennen. Aber der Sinn für Feierlichkeit fehlte ihm vollständig. Er hatte gewöhnlich eine sehr lebendige Art zu reden, und er redete gern. Seine Ausdrucksweise im Gespräch war ebenso bildhaft wie seine Dichtungen. Wenn es ihm besonders gut gelungen war, zu schildern, was ihm vorschwebte, dann erfüllte ihn das anscheinend mit der gleichen Genugtuung, die ein Handwerker bei einer gelungenen Leistung empfindet.«

Öffentliche Lesungen aber hielt Kafka nur zwei. Die erste erfolgte am 4. Dezember 1912. Dazu war er von Willy Haas und der »Prager Herder Vereinigung« eingeladen worden. Damals las er die kurz vorher entstandene Erzählung »Das Urteil«, die einige Monate später im Jahrbuch »Arkadia« erschien. Die zweite öffentliche Lesung bestritt Kafka dann vier Jahre später, am 10. November 1916 in München in der Galerie Goltz.

Warum las Kafka nicht häufiger in der Öffentlichkeit? Dies mag zum einen daran gelegen haben, dass der junge Autor große Scheu vor öffentlichen Auftritten empfand. Zum anderen schuf er seine wenigen veröffentlichten Arbeiten in einer vom Krieg überschatteten Zeit. Und in seinen letzten Lebensjahren, als sein Name dem Publikum schon etwas geläufiger war, hätte Kafka aufgrund seiner Tuberkuloseerkrankung wohl keine öffentliche Lesung mehr durchstehen können. So blieb München der einzige Ort außerhalb Prags, der einen öffentlichen Vortragsabend mit Kafka erleben durfte. Er sollte zu einem beispiellosen Fiasko werden.

»Widerlich viele Hindernisse!«

Zweimonatige Reisevorbereitungen 1916

Im Jahr 1903 trat ein 30-jähriger, agiler Buchhändler in die Münchner Buchhandlung von Ulrich Putze ein. Sie war 1863 gegründet worden und befand sich im Luitpoldblock in der Brienner Straße 8. Bei dem jungen Mann handelte es sich um den 1873 im ostpreußischen Elbing geborenen Hans Goltz. Als Putze 1910 starb, wurde Goltz der neue Besitzer der Buchhandlung. Er, der sich schon immer zur modernen Malerei und Literatur hingezogen fühlte, beabsichtigte nun ein neues Konzept zu realisieren. In seinem Laden, der die schlichte Eleganz der Privatwohnung eines leidenschaftlichen Buch- und Kunstsammlers ausstrahlte, wie auch in der Zweiggalerie am Odeonsplatz 1 wurden ab 1912 regelmäßig Kunstausstellungen durchgeführt, bei denen auch Werke von so prominenten Künstlern wie die des »Blauen Reiters« gezeigt wurden. Goltz, der in engem Kontakt zu Paul Klee und Wilhelm Lehmbruck stand, schockierte die Münchner unter anderem auch mit Werken des Kubismus. Außerdem publizierte er in seinem kleinen 1914 gegründeten Verlag moderne Buchkunst und bibliophile Künstlermappen in kleinen Auflagen. Seine moderne Einstellung trug ihm mancherlei Kritik ein. So mokierte sich Josef Hofmiller in seinem »Revolutionstagebuch« von 1918 über diesen Mann, der ein »Vertreter der Münchner Expressionisten ist, und vor dem Krieg, zum Teil noch während des Krieges, napoleonische Alkoven- und allerlei französische Sadisten- und Masochisten-Literatur in seiner Auslage hatte. Er«, so Hofmiller weiter, »vertrat schon vor dem Umsturz den Bolschewismus der Malerei und Graphik. Die Münchner Spießbürger drückten die Nase an seine Auslagen, die hochtrabend ›Die neue Kunst‹, ›Die neue Literatur‹ hießen und bequemten sich aus Feigheit zu bewundern, wo sie aus Geschmacksunsicherheit nicht wagten abzulehnen.«

Im Sommer 1916 trug sich Hans Goltz gemeinsam mit Herwarth Walden mit dem Gedanken, in seiner »Galerie Neue Kunst Hans Goltz« unter dem Titel »Abende für neue Literatur« einen Zyklus mit Lesungen moderner Autoren zu veranstalten. Da der Erste Weltkrieg im vollen Gang war, wurde vom Bayerischen Kriegsministerium, dem während des großen vaterländischen Krieges die gesamte exekutive Gewalt übertragen worden war, die Anordnung verfügt, dass derartige

Veranstaltungen der Münchener Polizeidirektion zur Prüfung vorzulegen seien. Dies wurde insbesondere dann gefordert, wenn es sich um »politische oder militärische Literatur« handelte.

Im August 1916 bat Hans Goltz erstmalig bei der Königlichen Polizeidirektion München um die »Genehmigung zur Veranstaltung von ›Autorenabenden‹ der Neueren Literatur gänzlich unpolitischen rein literarischen Inhalts.« Das Bayerische Kriegsministerium erteilte die Auskunft, gegen derartige Veranstaltungen keine Einwände zu haben. »Sollten die Abende politische oder militärische Literatur zum Gegenstand haben, so wäre vorgängige Genehmigung des Kriegsministeriums (Pressereferat) notwendig.«

Am 8. August 1916 fand der erste Abend mit Salomo Friedländer statt, der unter dem Pseudonym Mynona bekannt war. Er wollte unter dem Titel »Fasching der Logik« einige »Grotesken« vortragen. Seine Lesung wurde von dem Mitarbeiter der Polizeidirektion Wilhelm Schoeller überwacht, der seinen Eindruck mit den Worten zusammenfasste: »Das Publikum schien sich nicht übermäßig an dem Gebotenen zu unterhalten, spendete aber freundlichen Beifall. Es mag wohl viele mehr die Neugierde angezogen haben, die ja das Unternehmen Goltz bekanntlich hier erregt.«

In der Folge waren Vortragsabende mit Literaturschaffenden wie Else Lasker-Schüler, Theodor Däubler, Kasimir Edschmid, Albert Ehrenstein, J.R. Becher, Wieland Herzfelde, Alfred Wolfenstein und Ferdinand Hardekopf geplant. Max Brod sollte am fünften Abend des »Cyklus« vortragen. Hans Goltz verließ sich bei der Suche nach interessanten Autorinnen und Autoren auf den Rat ihm nahe stehender Kritiker und Künstler.

Auf Franz Kafka wurde er nach eigener Aussage durch Max Brod aufmerksam gemacht, der Goltz wohl auch auf folgenden Vorfall hinwies: Im Oktober 1915 hatte sich der bekannte Schriftsteller Carl Sternheim entschlossen, das Preisgeld des Fontane-Preises, der ihm für seine drei bei Kurt Wolff publizierten Novellen »Busekow«, »Napoleon« und »Schuhlin« verliehen und mit einer Summe von 800 Reichsmark ausgestattet worden war, an Franz Kafka weiterzugeben.

Mit diesem 1913 ins Leben gerufenen Preis, mit dem herausragende Prosaarbeiten prämiert werden sollten, waren bisher die Münchner Autorin Annette Kolb und Leonhard Frank geehrt worden. Sternheim, der nach seiner Heirat mit der Millionenerbin Thea Löwenstein im Juli 1907 in einem schlossähnlichen Landhaus bei Brüssel lebte, verzichtete zugunsten Kafkas, der ihm von dem amtierenden Preisrichter Franz Blei empfohlen worden war, auf die Geldsumme. Ihm dürften auch Kafkas »Heizer«-Fragment und dessen Erzählung »Die Verwandlung« bekannt gewesen sein, weshalb er der Weitergabe des Preises an Kafka als Zeichen

Zeitungsnotiz im »Prager Tagblatt« vom 6.12.1915 über Sternheims Weitergabe des Fontanepreises an Franz Kafka.

seiner Anerkennung zustimmte. Kafka war die Sache eher unangenehm. Nach anfänglichem Zögern und auf Drängen des Kurt Wolff Verlages nahm er die Auszeichnung an, worauf seine öffentliche Anerkennung zu wachsen begann. Bislang war der Absatz seiner Bücher nämlich mehr als kläglich. So waren von seinem Erstlingswerk »Betrachtung« nicht einmal 400 Exemplare verkauft worden. Die 96,75 Mark Autorenhonorar, die er dafür bekommen hatte, überwies er an seine Verlobte Felice. Auch Hans Goltz war die indirekte Verleihung des Fontane-Preises an Kafka natürlich nicht verborgen geblieben.

Am 12. September 1916 lud er Kafka brieflich zu einer Autorenlesung ein. Sie sollte Anfang oder Mitte Oktober stattfinden. Darüber informierte Kafka am 15. September 1916 seine Braut Felice in einem Brief: »Letzthin bekam ich eine Einladung zu einer Vorlesung in München innerhalb eines Cyklus ›Abende für neue Literatur‹. Es wäre nicht übel, ich lese gern und vielleicht könntest Du (am 6. oder 11. Oktober) auch hinkommen. Aber die Paßschwierigkeiten, die vielleicht für einen solchen Zweck nicht unüberwindbar sind, sind doch zu groß für meine Energie und Zeit. Ich werde also wohl absagen müssen. Sehr schade. Ich hätte mit Wolfenstein an einem Abend vorlesen sollen.«

Trotz seiner Zweifel, ob die Lesung stattfinden könne, beantragte Kafka am 15. September die Ausstellung eines Reisepasses für die Fahrt nach München. Beiläufig erfuhr er damals, dass ihn nicht Hans Goltz von sich aus zur Münchner Lesung eingeladen habe, sondern dass sie durch seinen Freund Max Brod vermittelt worden war, was wohl seinen Stolz etwas kränkte, wie er am 19. September 1916 in einem Brief an Felice zum Ausdruck brachte: »Ich werde doch vielleicht fahren können. Allerdings habe ich heute erfahren, dass Max die Einladung vermittelt hat; meine Lust zu fahren ist entsprechend geringer geworden. Wolltest Du die riesige Reise machen? Nicht um bei der Vorlesung zu sein, das wollte ich gar nicht, aber um ein paar Stunden, es kann sich etwa um fünf Stunden handeln, mit mir beisammen zu sein, es ist aber noch nicht sicher.«

Aus diesen Zeilen ist ersichtlich, dass es Kafka primär um ein Treffen mit seiner Braut Felice ging und er die Teilnahme an der Lesung gleichsam als Vehikel dazu nutzen wollte. Als Kafka erfuhr, dass die Lesung erst im November stattfinden sollte, bat er die Prager Statthalterei um Aufschiebung der Bearbeitung seines Antrags auf einen Pass. An Felice schrieb er am 26. September 1916: »Ich werde vielleicht doch in München vorlesen. Dass Du hinkommen willst (ich mache aus der bedingten Zusage im Handumdrehn eine unbedingte) ist ein starker Antrieb. Es wird aber erst im November sein. Der Umweg über Berlin ist aus einigen Gründen unmöglich, ist übrigens von mir gar nicht sehr erwünscht. Ich sehe Dich in München lieber als in Berlin, wenn ich auch Deine Reisemühe beklage, […].«

Vier Tages später, am 30. September 1916, erhielt Felice folgende Nachricht: »Über die Reise nach München werden wir uns noch verständigen. Der Tag ist noch nicht bestimmt, nur der November. Natürlich ist auch meine Reise noch durchaus nicht gesichert. Im ganzen hätte ich für die Reise nur zwei Tage Zeit, also außerordentlich wenig, besonders da die Verbindung mit München eine sehr schlechte ist, man fährt den ganzen Tag und an dem gleichen Abend müßte ich lesen, am nächsten Morgen dann aber schon wieder wegfahren. Es müßte denn sein, daß sich ein Sonntag oder Feiertag auf eine geschickte Weise dazwischenschieben läßt, dann – und das wäre das eigentlich Wünschenswerte an der ganzen Reise – hätten wir einen Tag für uns.«

Kurz nach diesem Schreiben teilte die Galerie Goltz Kafka mit, dass seine Lesung nun am 10. November stattfinden würde, was er am 2. Oktober 1916 an Felice weiter meldete: »Die Vorlesung wird, wenn sie überhaupt zustande kommt, Freitag, den 10. November sein, Samstag hätten wir für uns. Entscheide!« Einen Tag später, am 3. Oktober, bat Kafka nunmehr die Prager Statthalterei bezüglich der geplanten Lesung um Erlaubnis zur Grenzüberschreitung für den Zeitraum vom 10. bis 12. November. Gleichzeitig legte er sich auf den Text fest, den er vortragen wollte. Darüber informierte er am 10. Oktober 1916 auch Felice: »Was München betrifft, um rechtzeitig vorbereitet zu sein: Wann kämest Du dort an? In welchem

Kafkas Verlobte
Felice Bauer
(1887–1960)

Kafka zur Zeit der
Niederschrift der
»Strafkolonie« 1914

Hotel wohnst Du? Wann müsstest Du zurückfahren? Ich würde, wenn es geht, die Geschichte lesen, die Du noch nicht kennst. ›In der Strafkolonie‹, so heißt sie.«

Diese Erzählung war zwei Monate nach Ausbruch des Ersten Weltkriegs – zwischen dem 5. und 18. Oktober 1914 – entstanden. Damals, nach der äußerst schmerzlichen ersten Auflösung seiner Verlobung mit Felice Bauer im Juli 1914, hatte sich Kafka in das Schreiben gestürzt. Anfang Oktober nahm er zwei Wochen Urlaub, um den Roman »Der Prozeß« und auch den Schluss seines Romans »Amerika« voran zu bringen. In dieser Zeit entstand in wenigen Tagen auch die Erzählung »In der Strafkolonie«, die er bereits ein knappes halbes Jahr später, am 2. Dezember 1914, bei Franz Werfel einem kleinen Kreis seiner Freunde vorlas. Damit war er, wie er dem Tagebuch anvertraute, »nicht ganz unzufrieden, bis auf die zwei überdeutlichen unverwischbaren Fehler.« Der eine Fehler war das »Peinliche« der Geschichte, wie er das nannte, also das Grausame, Erschreckende, Abnorme und Kalte, das sie ausstrahlte. Aber dafür machte er nicht sich, sondern die Zeitgeschehnisse verantwortlich, insbesondere den Ersten Weltkrieg, wie er am 2. Oktober 1916 an den Verleger Kurt Wolff schrieb, dass nicht nur die Erzählung peinlich sei, sondern »vielmehr unsere allgemeine und meine besondere Zeit gleichfalls sehr peinlich war und ist und meine besondere sogar noch länger peinlich war als die allgemeine.« Mit dem zweiten Fehler meinte Kafka den unbefriedigenden Schluss der Erzählung, was ihn aber nicht daran hinderte, sie in München vorzutragen.

Zunächst einmal schien die Reise nach München nach wie vor noch nicht festgelegt zu sein, wie er am 12. Oktober 1916 Felice klagte: »Wäre meine Reise nur schon gesichert, wie es Deine glücklicherweise scheint, aber da gibt es noch widerlich viele Hindernisse, entschieden ist es noch lange nicht. Übrigens ist auch die Reiseverbindung gerade mit München recht schlecht. Ich fahre, glaube ich, um 8 Uhr früh etwa weg (einzige Verbindung) und komme um 6 Uhr 24 abend erst an, also erst Freitagabend. Über die Rückfahrt bin ich noch nicht im klaren, ich fürchte aber, ich muß schon Sonntag um 7 Uhr früh wegfahren, es gibt keine Nachtverbindung und mehr als zwei Tage darf ich nicht verlangen.«

Doch bereits einen Tag später schienen sich Kafkas Befürchtungen, die Reise könne nicht stattfinden, zerstreut zu haben, wie er am 17. Oktober 1916 Felice mitteilte: »Liebste, Wunder über Wunder, es bekommt den zwar noch nicht vollständigen, aber schon recht großen Anschein, dass ich werde fahren können. Jetzt möge die Suche nach Beseitigung der voraussehbaren Hindernisse nicht an unvorhergesehenen unmöglich werden. Es ist übrigens nicht ausgeschlossen, dass die Vorlesung statt am 10. erst am 17. November stattfindet. Im Laufe der nächsten Woche entscheidet es sich. Sollte es am 10. sein, dann musst Du auf eine Vorlesung Milan [des Vortragskünstlers Professor Emil Milan], die ich glaube am 9. November im Choralionsaal sein wird, mir zuliebe verzichten, sonst aber musst Du mir zuliebe in den Choralionsaal gehen.«

Kafka, der hoffte, sein Freund Max Brod werde ihn auf dieser Reise begleiten und aus seinem neuen Gedichtband einige Texte vortragen, erfuhr, dass dies nun doch nicht möglich sei, wie er am 18. Oktober 1916 auch Felice mitteilte: »Max bekommt die Erlaubnis nach München zu fahren überhaupt nicht, ich werde vielleicht im ersten Teil des Abends, der also vielleicht doch zustande kommt, Gedichte von ihm vorlesen. Bin zwar kein sehr guter, viel eher ein sehr schlechter Gedichtvorleser, werde es aber, wenn sich kein besserer findet doch gern übernehmen. Das aber sage ich gleich: wenn Du nicht fahren könntest, fahre ich selbst lieber auch nicht. Ich habe mich schon allzu sehr an den Gedanken gewöhnt, Dich dort zu sehn. Du wirst es doch nach dem 22. Oktober, bis zu welchem Dein Chef Urlaub hat, mit Bestimmtheit sagen können, ob die Fahrt möglich sein wird oder nicht.«

Inzwischen bekam Kafka von der Prager Statthalterei eine positive Nachricht, die er am 21. Oktober 1916 gleich an Felice weitergab: »Eben musste ich zum Telefon laufen, wo ich verständigt wurde, dass ich den Paß und Grenzüberschreitung bewilligt habe, jetzt ist nur noch der Sichtvermerk nötig.« Am 26. Oktober wurde ihm dann der Pass endlich ausgehändigt und so konnte er am selben Tag Felice die Daten der Reise mitteilen: »Die Vorlesung ist also am Freitag, den 10. November um 8 Uhr, die genaue Stunde meiner Ankunft in München schreibe ich dir morgen, schreibe mir bitte auch, wann Du ankommst und wo Du wohnst. Die Vorlesung ist jetzt endgültig bestimmt, aber ein ganz kleines Häkchen (unabhängig von mir) ist noch darin, aber vielleicht besteht es nur für meine überängstlichen Augen und wird sich zu keinem Haken auswachsen.«

Mit dem »Haken« meint Kafka die Münchener Zensur, die womöglich doch noch Einspruch gegen die Lesung erheben würde. Natürlich wollte man hier wissen, was ein aus Prag kommender, kaum bekannter Schreiberling im Herzen des Königreichs Bayern öffentlich vorzulesen gedachte.

Doch Kafka konnte sich Einwände der Behörden nicht so recht vorstellen, was er auch in dem Brief vom 27. Oktober an Felice zum Ausdruck brachte: »Die Vorlesung ist also am 10. November. Max und ich, jeder hätte einen Abend haben sollen. Da aber Maxens Urlaubsgesuch für die zwei Tage und für diesen Zweck abgelehnt worden ist, er also nicht fahren kann, habe ich es übernommen, paar Gedichte von ihm vorzulesen, so gut und so schlecht ich es kann. Er soll nicht in der Reihe der Abende völlig fehlen, lieber schlecht vorgelesen erscheinen als gar nicht. Die einzige absehbare Verhinderung meiner Vorlesung wären jetzt nur Schwierigkeiten, welche die Münchner Zensur machen könnte. Ich wüßte allerdings nicht, was sie einwenden könnte. – Daß Du am Abend vor der Abreise noch zur Vorlesung Milan gehst, wäre wohl übertrieben. Erstens hat er jeden Winter einige Vorlesungen, zweitens ist trotz der Größe seiner Kunst guter Schlaf ihr an Wert doch ebenbürtig und drittens sollst Du aus seiner Vorlesung nicht frisch mit übertriebenen Forderungen in meine Vorlesung kommen, falls Du das überhaupt tun willst, was noch zu überlegen wäre. Ich komme um 6 Uhr 24 in München an und fahre Sonntag um 7 Uhr wieder zurück.« Am 28. Oktober 1916 erkundigte er sich noch bei Felice: »Fahren wir nicht die letzte Strecke im gleichen Zug? Ich fahre über Eger.«

Die Begegnung mit seiner Braut schien Kafka immer wichtiger zu werden, da sich ihre Beziehung doch zunehmend als äußerst problembehaftet erwies, wie er am 29. Oktober 1916 auch Felice gegenüber andeutete: »Liebste, heute kam der Donnerstagbrief. Du hast recht, wir müssen endlich miteinander sprechen. Wenn nur die Vorlesung zustande käme. Ein anderes Programm, als das vorgelegte, habe ich nicht und will auch nichts anderes lesen. Wenn es also von oben nicht genehmigt würde, müßte ich absagen. Darum fürchte ich mich vor diesem Hindernis, sonst wäre es gar nicht der Rede wert. Sehr gut wäre es, wenn wir schon auf der Reise zusammenkämen; für mich sehr gut, denn Du würdest dann in die II. Klasse hinübergezogen, hinuntergezogen.«

Nun aber schienen sich bei Felice Schwierigkeiten bezüglich der Münchenfahrt zu ergeben, da ihr Urlaubsgesuch plötzlich in Frage stand. »Liebste, wie, jetzt drohst auch Du mit Nichtfahren?« beschwerte sich Kafka am 1. November 1916 bei ihr. »Nach den endlosen kleinen Schwierigkeiten, von denen jetzt nur noch eine möglich ist, soll auch diese große kommen? Das darf nicht sein. Über den Urlaub Deines Chefs muß doch schon längst entschieden sein […] nicht mehr mit Nichtfahren drohn!«

Doch am Freitag, den 3. November 1916, teilte Kafka, spürbar erleichtert, Felice mit: »Liebste, also es war nur Drohung, die Angst machen sollte. Das hat sie auch gemacht. Aber nun kommst Du also. Die Genehmigung ist allerdings noch nicht ganz gesichert, die Manuskripte sind ja erst Montag dort angekommen. Es macht mich noch immer nervös und um die Wahrheit zu sagen, ich kann mir gar nicht vorstellen, daß es genehmigt wird, so unschuldig es in seinem Wesen ist. Jedenfalls telegraphiere ich Dir im Falle einer Verhinderung, vorläufig freue ich mich in der Hoffnung, Dich so bald zu sehen. Unsere Züge vereinigen sich – ich habe leider das große Kursbuch nicht bei der Hand und urteile nur beiläufig nach der Karte – etwa bei Wiesau, also etwa zwischen 1 und 2 Uhr mittags. Ein großer Zeitgewinn, wenn ich Dich schon im Zug treffe. Natürlich wohne auch ich (aus Aberglauben mache ich hier wieder den obigen Vorbehalt) im Bayerischen Hof.«

Der Grund, weshalb die Genehmigung »noch nicht ganz gesichert« war, bestand darin, dass Hans Goltz erst am Samstag, den 4. November 1916, Franz Kafkas Beitrag »In der Strafkolonie« sowie Max Brods Gedichte mit folgendem Schreiben bei der Münchner Zensurbehörde zur Prüfung einreichte: »In der Anlage überreiche ich Ihnen Manuskripte als Unterlage für den am Freitag, den 10. d. Mts. in meinem Salon stattfindenden Vortragabend und erbitte dieselben nach Prüfung freundl. zurück.«

»Die Reise wird jetzt wahrscheinlicher mit jedem Tag«, schrieb Kafka am 5. November 1916 an Felice. »Jedenfalls telegraphiere ich Dir noch Mittwoch oder Donnerstag, die schönen Worte: ›Wir fahren also‹ oder das traurige Wort: ›Nein‹.«

Am 9. November 1916 erschien in den »Münchener Neuesten Nachrichten« folgende Anzeige: »Abende für Neue Literatur, Franz Kafka, der Erzähler, dem im Vorjahr der Fontanepreis überwiesen wurde, liest am Freitag den 10. Nov. im Kunstsalon Goltz eine bisher unveröffentlichte Novelle; im zweiten Teil Gedichte von Max Brod.« In der »Münchener Zeitung« vom 7. November 1916 wurde die Lesung allerdings folgendermaßen angekündigt:

»V. Abend. Freitag den 10. November, abends 8 Uhr. Max Brod – Gedichte / Franz Kafka – Tropische Münchhausiade. Gelesen von Dr. Franz Kafka.«

Von diesem Titel erwähnte Kafka weder in seinem Tagebuch noch in der Korrespondenz auch nur ein Wort, was die Vermutung nahe legt, dass nicht er selbst, sondern Hans Goltz – sei es in eigener Entscheidung, sei es nach Information durch Max Brod – diesen Titel in der Annahme wählte, dass der Originaltitel »In der Strafkolonie« bei den Zensurbehörden Argwohn erweckt und die Genehmigung der Lesung womöglich verhindert hätte. Ein als abenteuerliche Lügengeschichte bezeichneter Bericht über eine Strafkolonie, so nahm Goltz an, würde hingegen bei der Münchener Zensur auf keine Bedenken stoßen. Eine nähere Absprache bezüglich des neuen Titels zwischen Goltz und Kafka ist jedenfalls nicht bekannt. Das der Polizeidirektion vorgelegte Manuskript trug also nicht den Titel »In der Strafkolonie«, obwohl Kafka keine Probleme sah, »so unschuldig es in seinem Wesen auch ist«, wie er notierte.

Einen Hinweis gibt es jedoch, der darauf hindeutet, dass Kafka von der Titeländerung womöglich doch Kunde erhalten hatte. So fragte er am 1. November 1916 Felice auf einer Postkarte: »Was sagst Du zu der Demütigung (falls Lüge nur Demütigung ist), in der Du mich in dem übersendeten Blatt siehst? Es ist durchaus nicht der tiefste Punkt meiner Demütigung, es gibt noch tiefere auf allen Seiten, aber tief genug ist er.«

Vielleicht stand auf diesem Blatt der – von wem auch immer – neu kreierte Titel seiner Erzählung, »Tropische Münchhausiade«. Das Wörtchen »tropisch« verwendete Kafka erst ein dreiviertel Jahr später, im August 1917, anlässlich der Umarbeitungen des Schlusses der Erzählung, wenn er in seinem Tagebuch vermerkte:

Der Buchhändler
Hans Goltz
(1873–1927)

»Verdammte tropische Luft, was machst Du aus mir?« Versteht man unter Münchhausiade allerdings eine Lügengeschichte, die an die historische Persönlichkeit des
»Lügenbarons« von Münchhausen und dessen Aufschneidereien anknüpft, die erstmals 1781 erschienen, so ist der Titel »Tropische Münchhausiade« für Kafkas »In
der Strafkolonie« denkbar ungünstig gewählt. Die Verlagerung seiner Erzählung
in das Reich der Lügengeschichten stellte für ihn eine unerträgliche »Demütigung«
dar. Außerdem empfand er, der jedes Wort sorgfältig abzuwägen pflegte, jede von
anderen vorgenommene Wortänderung als unzulässigen Eingriff in sein dichterisches Selbstverständnis. Neben der Beruhigung der Zensurbehörde erhoffte sich
Hans Goltz mit dem gefälligeren Titel »Tropische Münchhausiade« sicher auch,
mehr Publikum ansprechen zu können als dies mit dem bedrohlich klingenden
Originaltitel »In der Strafkolonie« der Fall gewesen wäre.

Nun also stand der Reise Kafkas nach München und seiner Lesung am 10. November 1916 nichts mehr im Wege.

»Ein grandioser Misserfolg!«

Kafkas Lesung in München 1916

A m Freitag, den 10. November, trat Kafka um sieben Uhr morgens die zer-
mürbende Reise nach München an. Die Fahrt dauerte wegen der Kriegsver-
hältnisse knapp elf Stunden. Was ihm während der Zugreise durch den Kopf ging,
ist nicht bekannt. Vielleicht erinnerte er sich an frühere Aufenthalte in München.
Vielleicht malte er sich auch die Wiederbegegnung mit der auf seinen Wunsch von
Berlin aus nach München fahrenden Dauerverlobten Felice Bauer aus, die zwischen ein und zwei Uhr in Wiesau zu ihm in den Zug stieg, der dann schließlich
abends um 18.24 Uhr am Münchner Hauptbahnhof ankam. Von dort ging es sofort
zum »Bayerischen Hof«, wo die beiden getrennte Zimmer bezogen und sich etwas
frisch machten, bevor sie in die Galerie Goltz, in der Brienner Straße 55 neben
dem Café »Luitpold«, hinauf in den ersten Stock eilten, wo sich ab etwa 19.30 Uhr
nach und nach an die 50 Personen einfanden, um die angekündigte Lesung zu er-

Promenadeplatz mit dem Hotel »Bayerischer Hof« um 1910

leben, die um 20 Uhr beginnen sollte. In dieser Zeit, in der auch in München die Auswirkungen des Krieges zu spüren waren, in der die Menschen hungerten und froren, war es nicht verwunderlich, dass nur einige wenige interessierte Laien und Autorenkollegen zu Lesungen gingen, insbesondere dann, wenn es sich auch noch um einen relativ unbekannten Dichter aus Prag handelte.

Der Saal war »schlecht erhellt und ungeheizt«, erinnerte sich später der Schriftsteller Max Pulver. »An den Wänden hingen Ölbilder unserer Freunde der Münchner Neuen Sezession, farbige und rhythmische Formen oder krasse Montagen expressionistischen Geschmacks. Kafka saß auf einer Rampe am Vortragspult, schattenhaft, dunkelhaarig, bleich, eine Gestalt, die ihre Verlegenheit über die eigene Erscheinung nicht zu bannen wußte.« Zunächst trug er einige Gedichte seines Freundes Max Brod vor, ohne damit Anklang zu finden. Anschließend las er, »schräg gegen sein Pult sitzend«, erstmals seine Erzählung mit dem eigenartigen Titel »In der Strafkolonie«.

Mit leiser Stimme führte Kafka die Hörer auf eine Insel in den Tropen, auf der in einem abgelegenen Tal eine unheimliche Folter- und Tötungsmaschine steht. Unweit davon wartet unter der stechenden Sonne, bewacht von einem Soldaten, der Verurteilte auf seine bevorstehende Hinrichtung, zu der er wegen Ungehorsam gegen einen Vorgesetzten verurteilt worden ist. Zur Strafe soll ihm das Gebot »Ehre deinen Vorgesetzten«, das er übertreten hat, mit der Hinrichtungsmaschinerie tief in den Leib gestochen werden. Vor der Mordmaschine erklärt soeben der Offizier einem Forschungsreisenden aus Europa die ausgeklügelte Technik der Apparatur, von der er höchst fasziniert ist. Für sein Opfer, das von dem Soldaten inzwischen entkleidet und anschließend auf dem »Bett« festgeschnallt worden ist, bringt er hingegen nicht das geringste Mitgefühl auf. Über das »Bett« ist der sogenannte Zeichner angebracht, an dem die »Egge« hängt. Mit ihrer Hilfe soll nun die Schrift so lange ins Fleisch gestochen werden, bis der Tod eintritt und sich auf dem Gesicht des Opfers der Ausdruck der Erlösung zeigt. Die Dauer dieser unmenschlichen Prozedur währt an die zwölf Stunden, denn erst dann ist der Delinquent in der Lage, die Schrift auf seiner Haut durch die ihm zugefügten Tausenden von Nadelstichen zu entziffern. Nach dem Exitus wird sein blutiger Kadaver von der Maschine in die Grube geworfen. Da das barbarische Verfahren den aus Europa stammenden Forschungsreisenden anwidert, lässt der darüber enttäuschte Offizier den Todeskandidaten plötzlich frei. In der Absicht, den Forschungsreisenden doch noch von der Qualität der Maschine zu überzeugen, bereitet er in einem Anflug von Wahnsinn den Apparat nun für sich selbst vor. Als Gebot, das ihm eingestochen werden soll, wählt er die Worte: »Sei gerecht!« Dann entkleidet er sich und wirft das Gewand und seinen Degen in die Grube. Zum Entsetzen des Gastes

Die Buchhandlung Goltz um 1916

Im ersten Stock der Buchhandlung Goltz fand 1916 Kafkas Lesung statt.

legt er sich unter die »Egge« und unvermittelt fängt der Apparat von ganz alleine zu arbeiten an. Bereits nach kurzer Zeit geraten die Zahnräder durcheinander. Die Maschine beginnt sich zu zerstören, weshalb sie dem Offizier nicht mehr das Gebot in die Haut einzustechen vermag. Stattdessen spießt die »Egge« den Körper zur Gänze auf. Der Offizier kommt bestialisch ums Leben, ohne dass der Reisende dies zu verhindern vermag. Auf dem Gesicht des Leichnams ist »kein Zeichen der versprochenen Erlösung zu entdecken.« Ratlos verlässt der Besucher den Ort des Schreckens, eilt zum Hafen und lässt sich mit einem Boot zum Dampfer bringen. Den Soldaten und den Strafgefangenen, die Anstalten machen, ihn zu begleiten, weist er brüsk zurück.

Schon »mit den ersten Worten schien sich ein fader Blutgeruch auszubreiten, ein seltsam fader und blasser Geschmack legte sich mir auf die Lippen. Seine Stimme mochte entschuldigend klingen, aber messerscharf drangen seine Bilder in mich ein, Eisnadeln voller abgründiger Quälerei«, so empfand Max Pulver Kafkas Vortrag. »Auch der Hörer wurde in diese Höllenquälerei hineingerissen, auch er lag als Opfer auf dem wippenden Marterbett und jedes neue Wort ritzte als ein neuer Stachel die langsame Hinrichtung in seinen Rücken.«

Den Anwesenden, die in den Kriegstagen nur wenig zu essen hatten, schlug sich die blutige Schilderung der Folter buchstäblich auf den Magen. »Ein dumpfer Fall«, so beobachtete Max Pulver, »Verwirrung im Saal, man trug eine ohnmächtige Dame hinaus. Die Schilderung ging inzwischen fort. Zweimal noch streckten seine Worte Ohnmächtige nieder. Die Reihen der Hörer und der Hörerinnen begannen sich zu lichten. Manche flohen im letzten Augenblick, bevor die Vision des Dichters sie überwältigte.«

Als dies Kafka bemerkte, verfiel er mehrfach in ein irritierendes, leicht hysterisches Lachen, was auf die Zuhörer noch zusätzlich befremdend wirkte. Denen, die bis zum Ende durchhielten, so auch den Kritikern, verursachten manche Passagen ein Frösteln.

Ob die Beobachtungen Max Pulvers nicht in den Bereich der dämonischen Kafka-Legenden gehören sei dahingestellt. Jedenfalls ist es nur schwer vorstellbar, dass ein Autor ungerührt weiterliest, wenn einige seiner Zuhörer ohnmächtig hinausgetragen werden oder aus dem Veranstaltungsraum flüchten. Sicher hätte auch die Presse über ein derartiges Ereignis genüsslich berichtet.

Nach der Lesung, die manche geradezu als »Körperverletzung« empfunden hatten, setzte sich noch eine kleine Gruppe Münchner Schriftsteller mit Kafka und seiner Verlobten Felice zusammen. Manche waren betreten, andere suchten durch Gespräche, die Peinlichkeit zu übertünchen. »Ich hätte meine kleine schmutzige Geschichte lieber doch nicht lesen sollen«, meinte Kafka verlegen. Seine Verlobte verzog verärgert den Mund.

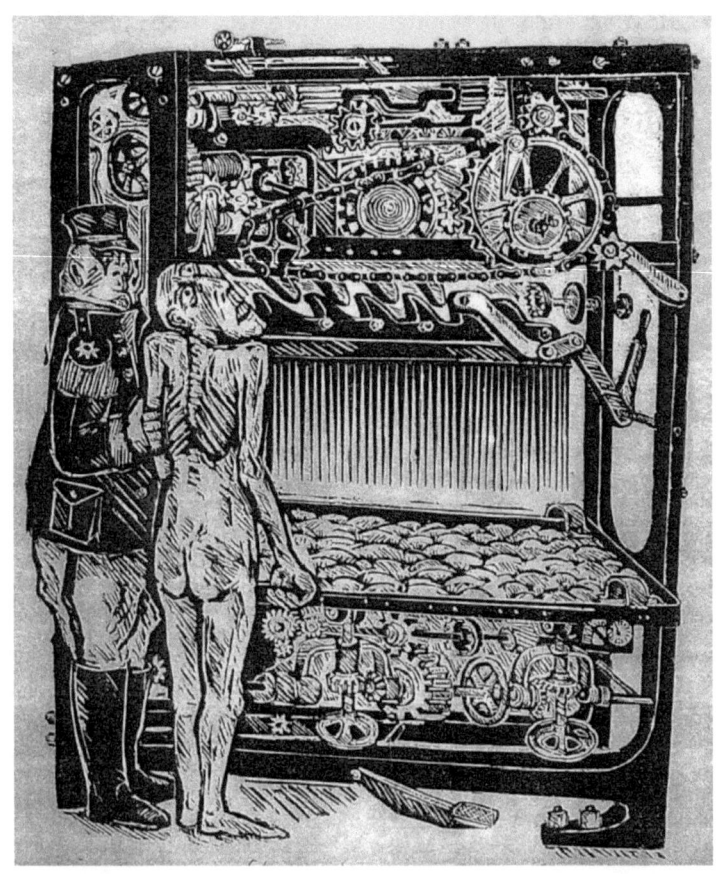

»In der
Strafkolonie«.
Illustration von
Klaus Eberlein

Mit ihr traf er sich am nächsten Morgen in einer »gräßlichen Konditorei«. Es
herrschte eine gereizte Stimmung. Kafka erklärte ihr nämlich, dass er sie nicht hei-
raten könne. Felice warf ihm »Eigensucht« vor, was ihn tief verletzte. Weshalb verstand sie denn nicht, dass er aus Literatur bestand und dass ein bürgerliches Leben
mit ihr als Ehefrau deshalb seine Künstlerexistenz bedrohen würde? Warum ließ
sie sich nicht von ihrem Wunsch nach Familie und Kindern abbringen und sich
wie er für eine uneigennützige Sache begeistern? Warum spürte sie denn nicht, dass
in seinem Innersten ein bürgerliches Leben seiner Absicht, eine Künstlerexistenz zu
führen, völlig zuwider lief? »Ich habe kein literarisches Interesse, sondern bestehe
aus Literatur, ich bin nichts anderes und kann nichts anderes«, dessen war er sich
längst bewusst.

Missmutig blätterte Kafka in den Zeitungen und entdeckte Kritiken zu seiner Lesung, die kein gutes Haar an seinem Vortrag ließen, in denen die Lesung »stofflich abstoßend, was auch die Zuhörerschaft wohl zu erkennen gab« bezeichnet wurde, sodass »das Publikum zum Teil die übermäßige Nervenanspannung nicht durchhalten konnte, zum Teil, aus derberem Holz geschnitzt, schien es befriedigt.«

»Zu lang und zu wenig fesselnd« sei die Erzählung und er als Vorleser nur »ungenügend« gewesen. »Die künstlerischen Eindrücke [...] waren wenig erquicklich. [...] Als eine wenig günstige Probe eigenen Schaffens las Kafka die Groteske ›In der Strafkolonie‹. Der Stoff hätte knapper behandelt werden müssen, um irgendwie noch einen künstlerischen Eindruck hervorbringen zu können«, kritisierten die Münchner Neuesten Nachrichten den Abend. Noch schärfer urteilte die Münchner Zeitung: »Kafka ist ein Lüstling des Entsetzens. Er scheut selbst das Widerliche und Ekelhafte nicht. Hier ist ohne Zweifel eine Grenze erreicht für meinen Geschmack und meine Nerven sogar fallweise überschritten.«

Kafka war wie gelähmt. Zwei höchst unerfreuliche Tage hatte er in München erlebt. Außer dem Bahnhof, seiner Unterkunft im Bayerischen Hof, dem Saal, wo seine erfolglose Lesung stattfand und dem Café, wo er jetzt mit seiner verbitterten Verlobten hockte, hatte er nichts von München gesehen. Noch am gleichen Morgen, am Samstag, den 11. November, meldete er sich um 10 Uhr vormittags bei der Münchner Polizeidirektion ab. Danach traf er sich mit dem Schriftsteller Gottfried Kölwel in einem Kaffeehaus und las dort einige Gedichte von ihm. Am Nachmittag unternahm er schließlich noch einen Spaziergang mit dem Schriftsteller Max Pulver. Dann packte er ziemlich deprimiert seine Sachen zusammen. Am Sonntag, den 12. November, um 7.00 Uhr morgens trat er völlig frustriert seine Rückreise nach Prag an.

Es dauerte eine Zeit, bis Kafka die erlittene Schmach einigermaßen verarbeitet hatte und bis er selbstkritisch, aber auch selbstquälend die scharfen Kritiken akzeptieren konnte, mit denen die Münchner Presse auf den spektakulären Rezitationsabend reagiert hatte. Wie seine Kritiker empfand auch er diese Veranstaltung nun als einen »grandiosen Mißerfolg.«

»Jedenfalls«, so kommentierte er die harten Kritiken, »muß ich die Berechtigung dieser Urteile fast bis zu ihrer Wirklichkeit zugeben.« Es verwundert nicht, dass die Erzählung »In der Strafkolonie« erst drei Jahre später, 1919, in der bibliophil ausgestatteten Reihe der »Drugulin-Drucke« in einer Auflage von 1000 Exemplaren veröffentlicht wurde, nachdem sich Kafka mit mehreren Schlussversionen der Geschichte herumgeschlagen hatte.

Kafka bereute längst, nach München gefahren zu sein. Eineinhalb Monate später schrieb er an Gottfried Kölwel, den er in München kennen gelernt hatte: »Ich war

Kafka mit seiner
ersten Verlobten
Felice Bauer 1917

hingekommen mit meiner Geschichte als Reisevehikel, in eine Stadt, die mich außer als Zusammenkunftsort und als trostlose Jugenderinnerung gar nichts anging, las dort meine schmutzige Geschichte in vollständiger Gleichgültigkeit, kein leeres Ofen-loch kann kälter sein, war dann, was mir hier selten geschieht, mit fremden Menschen beisammen, von denen mich [Max] Pulver eine Zeitlang geradezu betörte.«

Nach diesem Fiasko war verständlicherweise Kafkas Verlangen nach Alleinsein und Ruhe grenzenlos. Er laufe, so teilte er Felice mit, in das Alleinsein wie das »Wasser ins Meer«.

Aber nicht in seiner Wohnung in der Langen Gasse sollte er jetzt die ersehnte Ruhe finden, sondern in der Prager Alchimistengasse, dem sogenannten Goldmachergässchen, wohin er sich zurückzog. Dort oben auf dem Hradschin hatte sich seine Schwester Ottla ein kleines Häuschen gemietet, das sie ihm nun zur Nutzung überließ. In ihm verfasste Kafka in kurzer Zeit die meisten Erzählungen für den 1919 veröffentlichten Band »Ein Landarzt«. Vielleicht erinnerte er sich in diesem Häuschen auch daran, dass er solche Geschichten wie »In der Strafkolonie« schon mehrere geschrieben hatte. Welche Wirkung solche Texte hatten, verdeutlicht der Brief eines Lesers an ihn, der nach der Lektüre seines Buches »Die Verwandlung« an ihn schrieb:

Sehr geehrter Herr,

Sie haben mich unglücklich gemacht. Ich habe Ihr Buch Verwandlung gekauft und meiner Kusine geschenkt. Die weiß sich die Geschichte aber nicht zu erklären. Meine Kusine hats ihrer Mutter gegeben, die weiß auch keine Erklärung. Die Mutter hat das Buch meiner anderen Kusine gegeben und die hat auch keine Erklärung. Nun haben sie an mich geschrieben. Ich soll ihnen die Geschichte erklären. Weil ich der Doctor der Familie wäre. Aber ich bin ratlos, Herr! Ich habe Monate hindurch im Schützengraben mich mit dem Russen herumgehauen und nicht mit der Wimper gezuckt. Wenn aber mein Renommee bei meinen Kusinen zum Teufel ginge, das ertrüg ich nicht. Nur Sie können mir helfen. Sie müssen es; denn Sie haben mir die Suppe eingebrockt. Also bitte sagen Sie mir, was meine Kusine sich bei der Verwandlung zu denken hat.

Mit vorzüglicher Hochachtung, ergebenst
Dr. Siegfried Wolff

Was Kafka diesem Briefschreiber antwortete, ist nicht überliefert. Wer aber weiß, was Kafka unter einem guten Buch verstand, der kann es sich in etwa vorstellen. »Ich glaube«, so seine Ansicht, »man sollte überhaupt nur solche Bücher lesen und schreiben, die einen beißen und stechen. Wenn das Buch, das wir lesen, uns nicht mit einem Faustschlag auf den Schädel weckt, wozu lesen wir dann das Buch? Damit es uns glücklich macht [...]? Mein Gott, glücklich wären wir eben auch, wenn wir keine Bücher hätten, und solche Bücher, die uns glücklich machen, können wir zur Not selber schreiben. Wir brauchen aber Bücher, die auf uns wirken wie ein Unglück, das uns sehr schmerzt, wie der Tod eines, den wir lieber hatten als uns, wie wenn wir in Wälder verstoßen werden, von allen Menschen weg, wie ein Selbstmord, ein Buch muss die Axt sein für das gefrorene Meer in uns. Das glaube ich.«

»In der Strafkolonie«

Eine Meisterleistung, durchblutet von ihrem Autor

Während die Kritiker nach der Münchner Lesung Kafkas Erzählung »In der Strafkolonie« abfällig beurteilten, bescheinigte ihr Kurt Tucholsky höchste Qualität, als er am 3. Juni 1920 in »Der Weltbühne« »dieses Kunstwerk [als] so groß« bezeichnete, »dass es keiner Entschuldigung bedarf [...]. Ihr müsst nicht fragen, was das soll. Das soll gar nichts. Das bedeutet gar nichts. Vielleicht gehört das Buch auch gar nicht in diese Zeit, und es bringt uns sicherlich nicht weiter. Es hat keine Probleme und weiß von keinem Zweifel und Fragen. Es ist ganz unbedenklich. Unbedenklich wie Kleist.«

Einer, der mit der Geschichte »In der Strafkolonie« nicht einverstanden war, war Franz Kafka selbst. Wie sein Verleger Kurt Wolff war auch er von dieser Erzählung »peinlich« berührt. Doch noch mehr als seine Geschichte berührte ihn, wie er an Wolff schrieb, »unsere allgemeine und meine besondere Zeit«, womit er die Gräuel des Ersten Weltkriegs von 1914 bis 1918 meinte. Die erlebte er zwar nicht an der Front, da er nicht Soldat war, aber als Angestellter einer Unfallversicherung wurde er sozusagen täglich nicht nur mit Fällen konfrontiert, in denen Menschen von Fabrikmaschinen verstümmelt, sondern im Krieg auch von Gewehrkugeln und Granaten zerfetzt wurden. In seinen Augen war Europa längst selbst zur »Strafkolonie« geworden. Natürlich wusste Kafka nicht nur über die körperlichen Schäden des Krieges Bescheid, sondern auch über die seelischen Folgen, hatte er sich doch in einem Aufruf für die Errichtung einer Nervenheilanstalt für Kriegsopfer ausgesprochen, in dem es hieß: »So wie im Frieden der letzten Jahrzehnte der intensive Maschinenbetrieb die Nerven der in ihm Beschäftigten unvergleichlich mehr als jemals früher gefährdete, störte und erkranken ließ, hat auch der ungeheuerlich gesteigerte maschinelle Teil der heutigen Kriegshandlungen schwerste Gefahren und Leiden für die Nerven der Kämpfenden verursacht.«

Die enge Verzahnung von Körper und Seele erfuhr Kafka am eigenen Leib, wenn auch nicht als Fabrikarbeiter oder als Soldat. In Kafkas Gehirn hatten die fortwährenden väterlichen Vorwürfe »förmlich Furchen gezogen«, wie er es formulierte, worin sich Schuldgefühle einzunisten begannen. Wie dem Soldaten in

Der Verleger
Kurt Wolff
(1887–1963)
mit seiner
Frau Elisabeth

der »Strafkolonie« das Urteil mit der Egge eingestanzt wurde, so fühlte Kafka, wie sich ihm die väterlichen Schuldzuweisungen buchstäblich einstachen und unter die Haut gingen. Diese fortwährenden Sticheleien bereiteten ihm endlose seelische Qualen, die schließlich in seiner Tuberkuloseerkrankung ihren organischen Ausdruck fanden. Gleichzeitig sah sich Kafka aber auch in der Rolle des Forschungsreisenden der »Strafkolonie«. Wie dieser zwar angewidert, aber tatenlos seine Beobachterrolle spielte, so analysierte Kafka die permanenten väterlichen Herabsetzungen seiner Person, so etwa in seinem berühmten »Brief an den Vater«, ohne jedoch in der Lage zu sein, sich aus dieser für ihn schrecklichen Situation zu befreien.

Erst drei Jahre nach
Kafkas Münchner
Lesung erschien 1919
»In der Strafkolonie«

Das in der »Strafkolonie« vorgestellte Exekutions- und Erlösungsinstrument findet sich auch in der Korrespondenz mit der Verlobten Felice wieder, in der er das Schreiben immer aufs Neue als Qual und Erlösung zugleich thematisierte.

In Kafkas Erzählung kommt auch seine Kenntnis über Strafkolonien und über Folterinstrumente, wie sie zur damaligen Zeit gebräuchlich waren, zum Ausdruck. Und schließlich waren es mit Sicherheit auch literarische Vorbilder, die ihn zu seiner Geschichte anregten, darunter etwa Octave Mirbeaus Roman »Der Garten der Qualen« oder Edgar Allan Poes »Wassergrube und Pendel«.

Es war insbesondere der Schluss seiner Erzählung, der nicht nur die Kritiker irritierte, sondern vor allem Kafka selbst. »Zwei oder drei Seiten kurz vor ihrem Ende sind Machwerk«, schrieb er am 4. September 1917 an seinen Verleger Kurt Wolff. »Ihr Vorhandensein deutet auf einen tieferen Mangel, es ist da irgendwo ein Wurm, der selbst das Volle der Geschichte hohl macht.« Diesen Wurm wollte Kafka beseitigen, wie die mehrfachen Versuche in seinem Tagebuch beweisen, in denen er sich um einen besseren Schluss bemühte.

Boshafte Karrikatur aus dem »Simplicissimus«, Nr. 14, 1909

Der Reisende, so seine Ansicht, muss anders reagieren. Sollte er nicht etwas mehr Gefühle zeigen und seine Verwirrung über das Geschehene zum Ausdruck bringen? Vielleicht könnte er den Offizier wenigstens beerdigen. Auch mit einer Traumvision des Reisenden könnte die Geschichte enden, in der er für den Verurteilten und gegen den Offizier Partei ergreift. Da alle Versuche, einen anderen Schluss zu finden, misslangen, blieb Kafka schließlich beim ursprünglichen Ende, wobei er nur ein kleines Stück herausnahm. Mit dieser marginalen Kürzung sandte er die Geschichte dann an den Verlag zurück. Er empfahl, nach der Stelle, in der der Offizier tot ist und die mit den Worten schließt: »der Blick war ruhig und überzeugt. Durch die Stirn ging die Spitze des großen eisernen Stachels«, »einen größeren freieren Zwischenraum, der mit Sternchen oder sonstwie auszufüllen wäre, einzuschieben.« Die dadurch klaffende Lücke, so seine Ansicht, markiere die Unmöglichkeit, angesichts der europäischen Kriegsgräuel eine humanere Lösung für die »Strafkolonie« zu finden.

In der breiten Bevölkerung blieb Kafka zu Lebzeiten ziemlich unbekannt und wurde mit den Jahren lediglich von einigen Autoren für »eines der erstaunlichsten Phänomene ihrer Zeit« gehalten. Einige nannten ihn den »heimlichen Meister und König der deutschen Sprache.« Auch Kurt Tucholskys schien mit dieser Beurteilung übereinzustimmen, wenn er äußerte: »Er [Kafka] schreibt die klarste und schönste Prosa, die zur Zeit in deutscher Sprache geschaffen wird.«

»Wir werden hier«, urteilte Albert Camus, »an die Grenze des menschlichen Denkens versetzt. Ja, an diesem Werk ist im wahren Sinne des Wortes alles wesentlich. [...] Es ist das Schicksal und vielleicht auch die Größe dieses Werkes, dass es alle Möglichkeiten darbietet und keine bestätigt.« Schrieben Schriftsteller wie Musil oder Döblin vom Rand des Abgrunds her, so schrieb Kafka aus dem Abgrund heraus. Genauer, er schrieb, während er in den Abgrund stürzte.

Jedes Kafka-Buch, so urteilte Hermann Hesse, ist »ein Gespinst aus zartesten Traumfäden, die Konstruktion einer Traumwelt, hergestellt mit so reinlicher Technik und geschaffen mit so intensiver Kraft der Vision, daß eine unheimliche, hohlspiegelhafte Scheinwirklichkeit entsteht, welche zunächst wie ein Alptraum wirkt, bedrückend und ängstigend, bis dem Leser der geheime Sinn dieser Dichtungen aufgeht. Dann strahlt Erlösung aus Kafkas eigenwilligen und phantastischen Werken«, so auch aus seiner Erzählung »In der Strafkolonie«, die, wie die übrigen Arbeiten Kafkas auch, in den 1930er-Jahren von den Nationalsozialisten für arische Leser verboten wurden. 1935 erschien der Text zwar außerhalb Deutschlands in dem Band »Erzählungen und kleine Prosa« und 1946 in Kafkas »Erzählungen«, den deutschen Lesern aber wurde er erst 37 Jahre nach der Erstveröffentlichung, 1951, und 34 Jahre nach der missglückten Münchner Lesung zugänglich gemacht.

Mondt, Pulver, Kölwel und Rilke

Kafkas Münchner Kontaktpersonen

Bei Kafkas Lesung im Leseraum über der damaligen Buchhandlung Goltz beim Café »Luitpold« befanden sich unter dem Publikum auch vier Schriftsteller, die später ihre Beobachtungen und Eindrücke in ihren Erinnerungen aufzeichneten und damit der Nachwelt einen unmittelbaren Eindruck von den damaligen Ereignissen hinterließen. Zu ihnen gehörte zum einen der Journalist und Schriftsteller Eugen Mondt (1888–1983). Ihm fiel Kafka »durch seine ruhige, ungewollte, fast bescheidene, in sich zusammengehaltene Art – also durch sehr natürlichen Ausdruck auf. Das drückte sich nicht nur im Wesen, sondern auch in der Kleidung und allem aus. Und so war er auch im besten Sinne temperiert.« Für Mondt war die Geschichte »In der Strafkolonie« »gerade in ihrer Sachlichkeit so faszinierend schauerlich, so sehr traf da der Ton des Neuen, den wir von seinem geliebten Buch ›Der Heizer‹ her kannten, gerade den neuen Menschen unserer Zeit, daß verschiedene Frauen aufstanden und den Raum verließen.

Wir fanden uns später noch mit Kafka und seiner Freundin [Felice], einer schlichten, einfachen, großen Person, sofort in ihrer Übersichtlichkeit erkennbar, im Restaurant. Am Tisch saßen: die Frau von Gerhard Ouckama-Knoop, mein Freund Kölwel, der Dichter Max Pulver, ich und Kafka und ein Musikgelehrter Lehmann. Ich war ungewollt neben Kafka zu sitzen gekommen, und er sagte mir, ›ich hätte meine kleine schmutzige Geschichte nicht lesen sollen‹.

Ich suchte ihm das Gegenteil zu beweisen, und wir sprachen von Rilke, wobei er mehr aufmerksamer Zuhörer blieb. Nichts unterbrach auch bei ihm die ruhige Natürlichkeit, das Wohltemperierte seines Gesprächs ließ einen sofort teilhaben. Nichts Stechendes, Verkrampftes, nur Gewolltes war in allen seinen so selbstverständlichen Äußerungen. Wie angenehm ist es immer auf so gewachsene Mitmenschlichkeit zu stoßen, die nichts vorgibt und nichts will als nur sie selbst sein und auch das nur in der Stille. […]

Nun muß ich aber etwas erzählen, was alsbald die allgemeine Heiterkeit erregte. Max Pulver, der Schweizer Schriftsteller und Horoskopier, war hinter mich getreten und bat: ›Sie gestatten.‹

Ich dachte, die Passage wäre versperrt und stand auf, um ihm Platz zu machen. Aber er nahm einfach meinen Stuhl, setzte sich darauf und kehrte mir seinen breiten Rücken zu. Von da ab nahm er ausschließlich von Kafka Besitz.

Mein Freund Kölwel machte eine mich assistierende Bemerkung; aber sie fiel bei Pulver, bei seiner nicht zu unterbrechenden, dickfelligen, eingehenden Hingebung zu Kafka auf taube Ohren. Kafka schickte sich wunderbar in solche Unvermeidlichkeit, wie man etwa um etwas herum geht, wenn man nicht gerade sitzen muß. Und doch war ein Hauch von Lächeln nicht unterblieben, sicher von Pulver unbemerkt und gewertet; so nachhaltig war die dicke, stierhafte Art seiner Auseinandersetzung; seine Frau war, wie Kölwel immer sagte, nur wie sein Schatten.

So wie er, so sind manche Menschen nur personifizierte Naturkraft. Das vollkommne Gegenteil Kafkas hatte sich zu ihm gesetzt. Und es blieb, als suche es doch ein wenig bei ihm nach Übereinstimmung.

Heute denke ich mit Vergnügen an dies reizende Geschehnis und war damals doch noch nicht ganz bereit, ihm auf der Stelle diese Heiterkeit abzugewinnen, die es mir bot.«

Der von Eugen Mondt erwähnte in Bern geborene schweizerische Schriftsteller Max Pulver (1889–1952), der als Lyriker und Dramatiker arbeitete, lebte in den Jahren 1914 bis 1924 in München. Er war unter anderem mit Rainer Maria Rilke bekannt. Ab 1918 betätigte er sich als Graphologe. Auch er nahm an der Lesung in der Galerie Goltz teil, bei dem ihm Kafka weniger als »Dichter, sondern als ein Richter des inneren Menschen« erschien. Pulver fühlte sich bei der Lesung, »als würde mir der Prozeß gemacht. […] Wer war dieser Mann mit seinem fast bestürzenden Anschein von Vorurteilslosigkeit seelischer Verquältheit gegenüber? Dieser Ton war in deutscher Sprache unbekannt. Nur Gogol, nur Dostojewskij, nur die Russen hatten bis heute diesen Ton getroffen: dürftige Menschlichkeit ohne Bedauern und ohne Verachtung zu gestalten, die Stumpfheit der Erniedrigten ohne Sentimentalität zu sehen und zu sagen, so gut wie die Grausamkeit der Grausamen. Das Nichts der menschlichen Durchschnittsexistenz als die große Aufgabe des Dichters.«

Kafka fühlte sich von Pulver eine Zeitlang geradezu betört, wie er Gottfried Kölwel in einem Brief gestand. Offenbar zählte Pulver mit seinem Faible für Graphologie, Astrologie und Gnostik zu jenem Typus besessener Traumwandler, für die Kafka zeitlebens besondere Sympathien hegte – selbst dann noch, wenn sie versuchten, ihn zu missionieren.

Bei der Unterhaltung verabredete Pulver mit Kafka wohl einen Spaziergang »für den nächsten Nachmittag, denn er [Kafka] musste bald wieder nach Prag zurück. Im Nebelgrau eines Novembertages gingen wir über leicht gefrorene Stoppelfelder.

Die Welt schien eingegangen und ohne Hoffnung. Kafka rang immer wieder nach Atem. Ein Lungenleiden war ihm zur Waffe geworden gegen diese Welt, vor allem gegen seinen Vater. Er konnte ihn strafen, indem er krank war. Er wollte nicht gesund werden, denn dann hätte er seinem Vater in seinen eigenen Augen recht gegeben. Er wollte krank sein, als Versicherungsbeamter sein Brot bitter verdienen, er wollte im Unbehagen und in der Peinlichkeit leben müssen. All das gaben mir seine Äußerungen zu verstehen. [...] Unser Gespräch, immer wieder unterbrochen vom Keuchen Kafkas, flatterte zwischen Namen und Problemen hin und her. Mir war dieser Haß auf den Vater fremd, der übrigens von Kafka nicht unmittelbar ausgesprochen wurde. [...] All das dämmerte mir auf unserem Spaziergang auf, während wir unseren Weg in nebliger Straße vor seinem Hotel beendeten. [...] Übrigens sah ich ihn nicht wieder.«

Mit dem Münchner Schriftsteller Gottfried Kölwel schien sich Kafka nach der Lesung in ein Gespräch über dessen Lyrik eingelassen zu haben, die 1914 unter dem Titel »Gesänge gegen den Tod« erschienen waren, nachdem sie Martin Buber Kurt Wolff empfohlen hatte. Vermutlich zeigte Kölwel dem verehrten Prager Dichter drei dieser Gedichte und bat ihn, sie zu lesen. Kafka empfand die Umstände allerdings als recht ungewöhnlich, hatte er doch wegen seiner missglückten Lesung den Kopf dafür nicht frei, weshalb Kölwel ihm die drei Gedichte etwa einen Monat später zusandte, wovon Kafka am 22. Dezember 1916 Felice berichtete: »Gestern wurde ich an München erinnert, Kölwel schickte mir drei Gedichte. Sie kommen gewiß aus einem reinen in vielem Sinn unschuldigen Herzen, aber in München schienen sie schöner zu sein als hier.«

An Kölwel schrieb er einige Tage später am 3. Januar 1917 aus Prag: »Jetzt fand ich ihre Gedichte. Vielen Dank. Ich dachte kaum mehr, daß sie kamen und bedauerte es, denn ich hatte den allgemeinen Eindruck stark in meinem alle Einzelheiten unsinnig rasch verlierenden Gedächtnis und wäre ihm gerne in der Wirklichkeit nachgegangen. Nun kann ich es an den drei Gedichten tun, besonders an den Wehenden, die mir am besten den Münchner Eindruck wieder beleben. Ich las die Gedichte dort unter ungewöhnlichen Umständen [...] wunderte mich dann am nächsten Tag im Kaffeehaus über die Zufriedenheit, mit der Sie von Ihrem Leben, Ihren Arbeiten und Plänen erzählten, wußte mit Ihrer Nacherzählung einer Prosaarbeit nichts anzufangen und bekam schließlich – ohne daß ich damit alles was in München in mir vorging gestreift hätte – Ihre Gedichte in die Hand. Diese Gedichte trommelten mir zeilenweise förmlich gegen die Stirn. So rein, so sündenrein in allem waren sie, aus reinem Atem kamen sie; ich hätte alles was ich in München angestellt hatte, an ihnen reinigen wollen. Und vieles davon finde ich jetzt wieder. Denken Sie bitte wieder einmal an mich und schicken mir etwas.«

Wenige Wochen später, am 31. Januar 1917, bedankte sich Kafka bei Kölwel für eine erneute Sendung, »die mir Freude gemacht hat, wie mir jede weitere Freude machen wird, das weiß ich schon. Es sind trostreiche Gedichte, Trostgesänge alle; Sie halten sich förmlich nur mit einer Hand im Dunkel, vielleicht um nicht ganz losgebrochen zu werden aus der Erde, alles andere ist Helligkeit, gute und wahrhaftige. Gerade weil Sie die Bestimmung dazu haben, stört mich manchmal eine kühle Gefühlswendung, die sich so eindeutig gibt, als werde sie auf dem Trapez, und sei es auch das höchste, vollführt und nicht im Herzen; sie ist einwandfrei, aber das genügt gewiß Ihnen am allerwenigsten. So z. B. die Wendung im Trostgesang, die das Gedicht, das doch auf höchste Wahrheit ausgeht, erfüllt, wie mit zwei riesigen Stützbalken. Oder zum Teil auch im Gekreuzigten, in dessen einzelnen Versen man allerdings versinkt. Ein starkes Gegenbeispiel in meinem Sinn ist etwa der Herbstgesang, der in seiner Gänze schwebt und darum auch tragen kann.«

Allem Anschein nach beklagte sich Kölwel bei Kafka auch über Schwierigkeiten mit Verlagen und bat um Vermittlung eines Kontaktes zu dem Verleger Kurt Wolff, was Kafka folgendermaßen kommentierte: »Ich wundere mich nicht darüber, daß Sie bei Verlagen Schwierigkeiten haben, Sie verblüffen weder, noch erschrecken Sie, aber ebenso gewiß, als Sie das nicht tun, ist: daß man auf die Dauer den Gedichten nicht widerstehen kann. Deshalb glaube ich aber auch nicht – Ihre vielleicht besseren Gegenbeweise kenne ich nicht – daß wirklich jemand geradezu gegen Sie tätig ist oder vielmehr, dass man auch ohne den Glauben an solche Feindseligkeit – der Glaube daran verbittert doch – die Schwierigkeiten der ersten Zeit verstehen kann. Was Kurt Wolff betrifft, so will ich natürlich alles, was sie wissen wollen, zu erfahren versuchen. Nicht direkt, denn mein Verkehr ist hierzu viel zu geringfügig und einflusslos, wohl aber durch meinen Freund Max Brod. Schreiben sie mir nur, um was es sich im einzelnen handelt oder besser, was im einzelnen gefragt oder getan werden soll und in welcher Art.«

Drei Wochen später erhielt Kafka erneut eine Sendung von Kölwel. »Vielen Dank für die neuen Gedichte«, schrieb er am 21. Februar 1917. »Irre ich nicht, so sind es wirklich neue Gedichte. Viel neue Welt öffnet sich gegenüber den frühern. Wie groß ihr Reich ist! Daß Wolff nachgegeben hat, freut mich sehr. Es beweist, dass seiner Einsicht auf die Dauer Werte nicht entgehen können und dass vom schlechten Nein zum guten Ja der Weg für ihn doch nicht allzu lang ist. Oder vielleicht sogar sehr kurz ist, wenn Ihre Vermutung hinsichtlich der Machenschaften richtig war.«

Als besonderes Geschenk übermittelte Kölwel Kafka seinen 1918 erschienenen Gedichtband »Erhebung« mit der Widmung: »Dem Dichter Franz Kafka zugeeignet, Gottfried Kölwel.«

Der Schriftsteller
Gottfried Kölwel
(1889–1958)

Rainer Maria Rilke
(1875–1926)

Bereits 1914 war bei Kurt Wolff Kölwels expressionistischer Lyrikband »Gesänge gegen den Tod« erschienen, aus dem er Kafka bei seiner Begegnung in München Proben vortrug, die der Prager Dichter »so rein, so sündenrein« empfand und an denen er alles, was er in München angestellt hatte, hätte reinigen wollen. Auch mit anderen Autoren tauschte sich Kölwel immer wieder aus, etwa mit Richard Billinger, Eugen Mondt und Georg Britting. Zu Beginn der 1930er-Jahre begann sich auch Thomas Mann für Kölwels Werk einzusetzen »als wäre es sein eigenes«, wie er an Professor Anton Kippenberg, den Inhaber des Insel-Verlages, schrieb. Nach Ausbruch des Zweiten Weltkriegs wurde Kölwel wegen seiner Verbindung zu Thomas Mann boykottiert. Druckgenehmigungen wurden verhindert und Aufführungen seiner Stücke untersagt. Daraufhin zog er sich zurück, »um der Unmenschlichkeit der Zeit so weit als möglich den Rücken zu kehren.« In dieser Zeit schrieb er den »gegen die Barbarei des Krieges« gerichteten Roman »Der verborgene Krug«, den er im Ausland veröffentlichen konnte. Als »lyrischen Aufschrei« gegen die Zerstörung Münchens verfasste er nach Kriegsende den Gedichtband »Münchner Elegien«.

Der wohl einflussreichste deutschsprachige Lyriker Rainer Maria Rilke wurde wie Kafka in Prag geboren und wuchs in dieser Stadt auch auf. Wie bei Kafka war auch seine Kinderzeit belastet. Zu München stand Rilke in vielfältigen Beziehungen. So zog es bereits den 21-Jährigen nach Schwabing, wo er bald zu den Mitarbeitern der Zeitschrift »Die Insel« gehörte. Nach Abwesenheiten von München, hielt er sich seit 1915 wieder in dieser Stadt auf, diesmal in der vornehmen Widenmayerstraße. Hier fand er in der geräumigen Wohnung von Hertha König, der damals bekannten Autorin von Romanen und Gedichtbänden, eine vorübergehende Bleibe. Ihr widmete er seine Fünfte Duineser Elegie. 1916 interessierte sich Rilke lebhaft für die »Abende für neue Literatur« in der Galerie Goltz, so am 27. Oktober für Theodor Däublers Lesung. Im November beabsichtigte er weitere Veranstaltungen mit Else Lasker-Schüler, J. R. Becher, George Grosz und Wieland Herzfelde zu besuchen. Auch der Kafka-Abend am 10. November dürfte für ihn von großem Interesse gewesen sein, wie Kafkas Nachricht vom 9. Dezember 1916, als er bereits wieder in Prag weilte, an Felice Bauer vermuten lässt: »Übrigens habe ich mich in Prag auch noch an Rilkes Worte erinnert. Nach etwas sehr Liebenswürdigem über den Heizer, meinte er weder in Verwandlung noch in Strafkolonie sei diese Konsequenz wie dort erreicht. Die Bemerkung ist nicht ohne weiteres verständlich, aber einsichtsvoll.« Dieser Brief belegt die Tatsache, dass Rilke Kafkas Werk gut kannte und dass er Kafka persönlich begegnet war. Der Brief bezieht sich nämlich auf die am 10. November in München veranstaltete Lesung. Es darf deshalb angenommen werden, dass sich Rilke unter den Zuhörern befand und im Anschluss an die Veranstaltung kurz mit Kafka sprach. Zu Recht bezeichnet deshalb Malcolm Pasley »die Strafkolonie wohl als Rilkes nachhaltigstes – weil persönlichstes – Kafka-Erlebnis.« Sogar Rilkes »Orpheus«-Sonett II / IX soll durch diese Erzählung beeinflusst worden sein.

»Ich habe nie eine Zeile von diesem Autor [h. h. Kafka] gelesen«, schrieb Rilke am 17. Februar 1922 an den Verleger Kurt Wolff, »die mir nicht auf das eigentümlichste mich angehend oder erstaunend gewesen wäre. [...] Merken Sie mich, bitte, immer ganz besonders für alles vor, was von Franz Kafka bei Ihnen an den Tag kommt. Ich bin, darf ich versichern, nicht sein schlechtester Leser.«

»Ja, das Foltern ist mir äußerst wichtig«, schrieb Kafka in einem Brief an Milena: »Ich beschäftige mich mit nichts anderem als mit Gefoltert werden und Foltern.« Auch Kafkas Zeichnung von einem »Mann, der in der Mitte zerreißt« weist darauf hin.

Hungerkünstler

Eine nie gelebte Geistesfreundschaft zwischen
Karl Valentin und Franz Kafka

F ranz Kafka war sehr mager. Er war der magerste Mensch, den er kannte. Auch sein Leben war äußerlich mager«, schrieb die Autorin Karla Reimert, die hinzufügte: »Zu den weniger liebenswerten Eigenschaften Kafkas sind Entschluss- unfähigkeit, Feigheit und Hypochondrie und geradezu tyrannisches Besitzer- greifen vom Leben anderer zu zählen.« Und viele seiner Texte sind skurril und gro- tesk. All das trifft auch auf den Münchner Tragikomiker Karl Valentin zu. Bereits 1957 wies der Journalist Lovis Windeck darauf hin, dass Valentins »Tiefsinn ohne intellektuelle Anspruchlichkeit ›kafkaesk‹ war, lange bevor Kafka entdeckt wurde.«

In der Tat, allein schon Valentins ausgemergelter Körper, der zum Ende seines Lebens nur noch 93 Pfund auf die Waage brachte, und den er immer wieder in seine Komik einbezog, übt bis heute auf die Menschen eine eigenartige Faszina- tion aus. Auch Kafka war am Ende seines Lebens, gezeichnet von seiner Lungen- tuberkulose, entsetzlich abgemagert. Es verwundert nicht, dass Valentins Gestalt immer auch an Franz Kafka und dessen 1922 entstandene Erzählung »Ein Hunger- künstler« erinnert. Wäre sie verfilmt worden, womöglich unter der Regie Valentins und mit ihm in der Hauptrolle des Hungerkünstlers, so wäre es fraglos ein grotes- kes Meisterstück geworden.

Die Erzählung berichtet vom Scheitern eines Mannes, der es zur Meisterschaft in der Kunst des Hungerns gebracht hat. Er sitzt in einem Käfig »bleich, in schwar- zem Trikot, mit mächtig vortretenden Rippen, sogar einen Sessel verschmähend, auf hingestreutem Stroh […] einmal höflich nickend«, beantwortet »angestrengt lächelnd Fragen«, streckt »durch das Gitter den Arm […] um seine Magerkeit be- fühlen zu lassen«, versinkt »dann aber wieder ganz in sich selbst«, kümmert sich »um niemanden, nicht einmal um den für ihn so wichtigen Schlag der Uhr, die das einzige Möbelstück des Käfigs ist, sondern sieht nur vor sich hin mit fast ge- schlossenen Augen und nippt hie und da aus einem winzigen Gläschen Wasser, um sich die Lippen zu feuchten.«

Um die Jahrhundertwende reisten Hungerkünstler tatsächlich in ganz Europa

Karl Valentin und
Franz Kafka: Zwei
Hungerkünstler.
Zeichnung von
Alfons Schweiggert

umher und führten, eingeschlossen in einem Käfig, vor einem schaulustigen Publikum ihre Hungerfähigkeit vor. Kafkas »Hungerkünstler« bringt es auf eine Hungerzeit von 40 Tagen. Da nach dieser Zeit das Interesse des Publikums erfahrungsgemäß nachlässt, hungert er nicht länger, obwohl er sich dazu in der Lage fühlt. »Vielleicht«, so vermutet Kafka, »war er gar nicht vom Hungern so sehr abgemagert, dass manche zu ihrem Bedauern den Vorführungen fern bleiben mussten, weil sie seinen Anblick nicht ertrugen, sondern er war nur so abgemagert aus Unzufriedenheit mit sich selbst. Er allein nämlich wusste, auch kein Eingeweihter sonst wusste das, wie leicht das Hungern war. Es war die leichteste Sache der Welt.« Das Publikum in Kafkas Geschichte geht nach jeder Vorführung »auseinander und niemand hatte das Recht mit dem Gesehenen unzufrieden zu sein, niemand

Kafkas Buch »Ein
Hungerkünstler«
erschien erst kurz
nach seinem Tod
1924

nur der Hungerkünstler, immer nur er. [...] So lebte er mit regelmäßigen kleinen
Ruhepausen viele Jahre, in scheinbarem Glanz, von der Welt geehrt, bei alledem
aber meist in trüber Laune, die immer noch trüber wurde dadurch, dass niemand
sie ernst zu nehmen verstand. Womit sollte man ihn auch trösten? Was blieb ihm
zu wünschen übrig?« Das Publikum konnte nicht sein Leiden verstehen und »gegen
diesen Unverstand, gegen diese Welt des Unverstands zu kämpfen, war unmöglich.«

Doch dann erlahmt mit einem Mal das Interesse an diesem Spektakel und der
Hungerkünstler wird von »der vergnügungssüchtigen Menge verlassen, die lieber
zu anderen Schaustellungen strömte. [...] Noch einmal jagte der Impresario mit
ihm durch halb Europa, um zu sehn, ob sich nicht noch hie und da das alte Interesse wiederfände; alles vergeblich; wie in einem geheimen Einverständnis hatte
sich überall geradezu eine Abneigung gegen das Schauhungern ausgebildet. Natürlich hatte das in Wirklichkeit nicht plötzlich so kommen können, und man er-

innerte sich jetzt nachträglich an manche zu ihrer Zeit im Rausch der Erfolge nicht genügend beachtete, nicht genügend unterdrückte Vorboten, aber jetzt etwas dagegen zu unternehmen, war zu spät. Zwar war es sicher, dass einmal auch für das Hungern wieder die Zeit kommen werde, aber für die Lebenden war das kein Trost. Was sollte nun der Hungerkünstler tun? [...] Um einen andern Beruf zu ergreifen, war der Hungerkünstler nicht nur zu alt, sondern vor allem dem Hungern allzu fanatisch ergeben.«

Notgedrungen lässt sich Kafkas Hungerkünstler deshalb von einem großen Zirkus engagieren »bei entsprechend bescheidenen Ansprüchen natürlich, und außerdem war es ja in diesem besonderen Fall nicht nur der Hungerkünstler selbst, der engagiert wurde, sondern auch sein alter berühmter Name.« Dort führt man ihn natürlich nicht in der Manege vor, sondern lässt ihn, abgelegen bei den Ställen seiner Kunst nachgehen, obwohl der Hungerkünstler »versicherte, daß er, was durchaus glaubwürdig war, ebenso gut hungere wie früher, ja er behauptete sogar, er werde, wenn man ihm seinen Willen lasse, und dies versprach man ihm ohne weiteres, eigentlich erst jetzt die Welt in berechtigtes Erstaunen setzen, eine Behauptung allerdings, die mit Rücksicht auf die Zeitstimmung, welche der Hungerkünstler im Eifer leicht vergaß, bei den Fachleuten nur ein Lächeln hervorrief.« Er steht plötzlich nicht mehr im Mittelpunkt, man hat ihn buchstäblich abgeschoben. In den Pausen drängen die Leute an ihm vorbei zu den Stallungen, »was eine längere ruhige Betrachtung unmöglich machte [...] Dieses war auch der Grund, warum der Hungerkünstler vor diesen Besuchszeiten, die er als seinen Lebenszweck natürlich herbeiwünschte, doch auch wieder zitterte [...] Und es war kein allzu häufiger Glücksfall, dass ein Familienvater mit seinen Kindern kam, mit dem Finger auf den Hungerkünstler zeigte, ausführlich erklärte, um was es sich hier handelte, von früheren Jahren erzählte, wo er bei ähnlichen, aber unvergleichlich großartigeren Vorführungen gewesen war, und dann die Kinder, wegen ihrer ungenügenden Vorbereitung von Schule und Leben her, zwar immer noch verständnislos blieben – was war ihnen Hungern? – aber doch in dem Glanz ihrer forschenden Augen etwas von neuen, kommenden, gnädigeren Zeiten verrieten [...] Vielleicht, so sagte sich der Hungerkünstler dann manchmal, würde alles doch ein wenig besser werden, wenn sein Standort nicht gar so nahe bei den Ställen wäre [...] Aber bei der Direktion vorstellig zu werden, wagte er nicht.«

Und so ist sein Untergang nicht mehr aufzuhalten. Er ist nur mehr ein Hindernis »auf dem Weg zu den Ställen. Ein kleines Hindernis allerdings, ein immer kleiner werdendes Hindernis. Man gewöhnte sich an die Sonderbarkeit, in den heutigen Zeiten Aufmerksamkeit für einen Hungerkünstler beanspruchen zu wollen, und mit dieser Gewöhnung war das Urteil über ihn gesprochen. Er mochte so gut hungern, als er nur konnte, und er tat es, aber nichts konnte ihn mehr retten, man ging an ihm vorüber. Versuche, jemandem die Hungerkunst zu erklären! Wer es nicht fühlt, dem kann man es nicht begreiflich machen. Die schönen Aufschriften wurden schmutzig und unleserlich, man riss sie herunter, niemandem fiel es ein, sie zu ersetzen; das Täfelchen mit der Ziffer der abgeleisteten Hungertage, das in der ersten Zeit sorgfaltig täglich erneuert worden war, blieb schon längst immer das gleiche, nicht einmal der Hungerkünstler selbst wusste, wie groß die Leistung schon war, und sein Herz wurde schwer. Und wenn einmal in der Zeit ein Müßiggänger stehen blieb, sich über die alte Ziffer lustig machte und von Schwindel sprach, so war das in diesem Sinn die dümmste Lüge, welche Gleichgültigkeit und eingeborene Bösartigkeit erfinden konnte, denn nicht der Hungerkünstler betrog, er arbeitete ehrlich, aber die Welt betrog ihn um seinen Lohn.«

Schließlich ist er ganz vergessen. Zuletzt findet man ihn per Zufall und wundert sich, »warum man hier diesen gut brauchbaren Käfig mit dem verfaulten Stroh drinnen unbenützt stehen lasse; niemand wußte es, bis sich einer mit Hilfe der Ziffertafel an den Hungerkünstler erinnerte. Man rührte mit Stangen das Stroh auf und fand den Hungerkünstler darin. ›Du hungerst noch immer?‹ fragte der Aufseher, ›wann wirst du denn endlich aufhören?‹

›Verzeiht mir alle‹, flüsterte der Hungerkünstler; nur der Aufseher, der das Ohr ans Gitter hielt, verstand ihn.

›Gewiß‹, sagte der Aufseher und legte den Finger an die Stirn, um damit den Zustand des Hungerkünstlers dem Personal anzudeuten, ›wir verzeihen dir.‹

›Immerfort wollte ich, daß ihr mein Hungern bewundert‹, sagte der Hungerkünstler.

›Wir bewundern es auch‹, sagte der Aufseher entgegenkommend.

›Ihr sollt es aber nicht bewundern‹, sagte der Hungerkünstler.

›Nun, dann bewundern wir es also nicht‹, sagte der Aufseher, ›warum sollen wir es denn nicht bewundern?‹

›Weil ich hungern muß, ich kann nicht anders‹, sagte der Hungerkünstler.

›Da sieh mal einer‹, sagte der Aufseher, ›warum kannst du denn nicht anders?‹

›Weil ich‹, sagte der Hungerkünstler, hob das Köpfchen ein wenig und sprach mit wie zum Kuß gespitzten Lippen gerade in das Ohr des Aufsehers hinein, damit nichts verloren ginge, ›weil ich nicht die Speise finden konnte, die mir schmeckt. Hätte ich sie gefunden, glaube mir, ich hätte kein Aufsehen gemacht und mich vollgegessen wie du und alle.‹

Das waren die letzten Worte, aber noch in seinen gebrochenen Augen war die feste, wenn auch nicht mehr stolze Überzeugung, daß er weiterhungre.

›Nun macht aber Ordnung!‹ sagte der Aufseher, und man begrub den Hungerkünstler samt dem Stroh. In den Käfig aber gab man einen jungen Panther. Es war eine selbst dem stumpfsten Sinn fühlbare Erholung, in dem so lange öden Käfig dieses wilde Tier sich herumwerfen zu sehn. Ihm fehlte nichts. Die Nahrung, die ihm schmeckte, brachten ihm ohne langes Nachdenken die Wächter; nicht einmal die Freiheit schien er zu vermissen; dieser edle, mit allem Nötigen bis knapp zum Zerreißen ausgestattete Körper schien auch die Freiheit mit sich herumzutragen; irgendwo im Gebiß schien sie zu stecken; und die Freude am Leben kam mit derart starker Glut aus seinem Rachen, daß es für die Zuschauer nicht leicht war, ihr standzuhalten. Aber sie überwanden sich, umdrängten den Käfig und wollten sich gar nicht fortrühren.«

Die Korrekturen zu dieser bereits 1922 entstandenen, aber erst posthum 1924 als Buch veröffentlichten Erzählung »Ein Hungerkünstler« las Kafka auf dem Sterbebett, schwer gezeichnet von seiner Kehlkopftuberkulose. Sein von der Krankheit ausgemergelter Körper konnte keine Nahrung mehr aufnehmen, die Schluckbeschwerden ließen es nicht zu. Am 3. Juni 1924 starb Kafka. Hatte auch er die Speise nicht finden können, die ihm schmeckte?

23 Jahre später, am 28. Oktober 1947, etwa 100 Tage vor seinem Tod schrieb Valentin an den großen Sammler der Volksmusik, Kiem Pauli, »Ich habe meine lieben Bayern und speziell meine lieben Münchner genau kennen gelernt. Alle anderen mit Ausnahme der Eskimos und Indianer haben mehr Interesse an mir als meine ›Landsleute‹. [...] Dem Menschen kann man's nicht verübeln, wenn er von seinen Landsleuten nix mehr wissen will.« Diese Zeilen verraten, dass es Valentin für immer unmöglicher hielt, zum wieder erwachenden Münchner Kulturleben dauerhaften Kontakt aufnehmen zu können, obwohl er sich stets aufs Neue darum bemühte.

Nach seinem Tod am 9. Februar 1948 hieß es, Valentin sei verhungert. »Daß er verhungert ist«, meinte der Regisseur Kurt Wilhelm, »ist eine sentimentale Mär. Zu essen hatte er sicher nicht viel, wie wir alle, aber wenn er verhungert sein sollte, dann nicht körperlich, sondern seelisch. Aus Mangel an Liebe und Resonanz seitens seiner Mitmenschen, denen er sein Leben lang manisch Freude zu machen versucht hatte. Und wie wenig breite Anerkennung bekam er zurück. Dabei war er sich doch so sicher, gut zu sein: ›Ich bin doch a Komiker, ich weiß doch, was wirkt.‹«

Kafkas »Hungerkünstler« scheint nicht nur Kafkas Leben nachzuzeichnen sondern auch Valentins Leben zu schildern, das Scheitern eines großen Tragikkomikers, der sich ein Leben lang »bleich, in schwarzem Trikot, mit mächtig vortretenden Rippen, angestrengt lächelnd« seinem Publikum präsentierte. Nicht

Karl Valentin stellte in seinem Münchner Lach- und Gruselkeller, dem sogenannten Panoptikum, den Hungerkünstler Sukki aus. Zeichnung von Alfons Schweiggert.

40 Tage gelang ihm das, nein Valentin schaffte es 40 Jahre von 1907 bis 1947. Nach dieser Zeit erlahmte das Interesse des Publikums und Valentin trat nicht mehr auf, obwohl er sich dazu in der Lage gefühlt hätte. Vielleicht war auch er »nicht vom Hungern so sehr abgemagert, sondern nur aus Unzufriedenheit mit sich selbst, mit seiner Kunst.« Sein Kommentar dazu: »Wenn ma wos ko, is's koa Kunst nimmer, und wenn ma's net ko, is's erst recht koa Kunst.« Vom Publikum aber zunächst noch umjubelt, lebte er »mit regelmäßigen kleinen Ruhepausen viele Jahre, in scheinbarem Glanz, von der Welt geehrt, bei alledem aber meist in trüber Laune, die immer noch trüber wurde dadurch, dass niemand sie ernst zu nehmen verstand. Womit sollte man ihn auch trösten? Was blieb ihm zu wünschen übrig?« Das Publikum konnte sein Leiden nicht verstehen und ihm war es nicht möglich »gegen diesen Unverstand, gegen diese Welt des Unverstands zu kämpfen.« Von 1941 an erlahmte das Interesse an Valentin und er wurde von »der vergnügungssüchtigen Menge nach und nach verlassen, die lieber zu anderen Schaustellungen strömte [...] Zwar war es sicher, dass einmal auch für Valentins Komik wieder die Zeit kommen

werde, aber für ihn war das jetzt kein Trost. Was sollte er nun tun? [...] Um einen andern Beruf zu ergreifen, war er nicht nur zu alt, sondern vor allem seiner eigentlichen Berufung allzu fanatisch ergeben.«

Notgedrungen ließ sich Valentin deshalb für einige Zeitungsartikel engagieren »bei entsprechend bescheidenen Ansprüchen natürlich, und außerdem war es ja in diesem besonderen Fall nicht nur Valentin selbst, der engagiert wurde, sondern vor allem sein alter berühmter Name.« Aber er war ins Abseits gestellt, aus München entfernt, obwohl er »versicherte, daß er, was durchaus glaubwürdig war, ebenso gut sei wie früher, ja er behauptete sogar, er werde, wenn man ihm seinen Willen lasse, und dies versprach man ihm ohne weiteres, eigentlich erst jetzt die Welt in berechtigtes Erstaunen setzen, eine Behauptung allerdings, die mit Rücksicht auf die Zeitstimmung, welche Valentin im Eifer leicht vergaß, bei den Fachleuten nur ein Lächeln hervorrief. Zwar kam es vor, dass man mit dem Finger auf ihn zeigte, auch erklärte, um wen es sich hier handelte, von früheren Jahren erzählte, wo er bei ähnlichen, aber unvergleichlich großartigeren Vorführungen gewesen war [...] Vielleicht, so sagte sich Valentin dann manchmal, würde alles doch ein wenig besser werden, wenn sein Standort wieder in München wäre. Er wagte sogar, bei der Stadt vorstellig zu werden, aber die reagierte nicht.« Und so war sein Untergang nicht mehr aufzuhalten. Er wurde nur mehr als Hindernis empfunden, »ein kleines Hindernis allerdings, ein immer kleiner werdendes Hindernis. Man gewöhnte sich an die Sonderbarkeit, in den heutigen Zeiten Aufmerksamkeit für einen Komiker wie ihn beanspruchen zu wollen, und mit dieser Gewöhnung war das Urteil über ihn gesprochen. Er mochte so gut sein wie früher, und er war es auch, aber nichts konnte ihn mehr retten, man ging an ihm vorüber. Versuche, jemandem die Kunst der Tragikomödie zu erklären! Wer es nicht fühlt, dem kann man es nicht begreiflich machen. Die schönen Aufschriften auf alten Plakaten wurden schmutzig und unleserlich, man riss sie herunter, niemandem fiel es ein, sie zu ersetzen. Bald schien nicht einmal mehr Valentin zu wissen, wie groß seine Leistung war, und sein Herz wurde schwer. Und wenn einmal ein Spaziergänger stehen blieb, sich über seine gedrechselten Kochlöffel lustig machte und über seinen Blödsinn das Gesicht verzog, so war das die dümmste Lüge, welche Gleichgültigkeit und eingeborene Bösartigkeit erfinden konnte, denn Valentin wollte wieder als Komiker arbeiten, aber die Welt betrog ihn um seinen Lohn.«

Schließlich war er ganz vergessen. Man fragte sich, »warum im Rundfunk noch eine Platte von ihm gespielt und weshalb an ihn erinnert werden sollte. Und als er in den Rundfunk kam, fragte man: ›Ach, Sie sind auch noch da, Herr Valentin? Wann werden sie denn endlich aufhören?‹

›Entschuldigung‹, flüsterte da Valentin und man verstand ihn kaum.

›Schon recht‹, sagte der Redakteur und legte den Finger an die Stirn, um damit den Zustand Valentins dem Personal anzudeuten, ›wir entschuldigen schon.‹

›Ich hab immer nur eins wollen, daß ihr meine Komik bewundert‹, sagte Valentin.

›Wir bewundern sie auch›, sagte der Redakteur entgegenkommend.

›Gä, ihr sollts mich gar net bewundern‹, sagte Valentin.

›Gut, dann bewundern wir Sie also nicht‹, sagte der Redakteur, ›warum sollen wir Sie denn nicht bewundern?‹

›Weil ich auftreten muß, ich kann nicht anders‹, sagte Valentin.

›Da sieh mal einer‹, sagte Redakteur, ›warum können Sie denn nicht anders?‹

›Weil ich‹, sagte Valentin, hob das Köpfchen ein wenig und sprach mit wie zum Kuß gespitzten Lippen gerade in das Ohr des Redakteurs hinein, damit nichts verloren ginge, ›weil ich nichts anderes hab finden können, was mir g'schmeckt hätt, verstehn S'. Hätte ich was anders gefunden, glauben Sie's mir, ich hätte kein Aufsehen gemacht und mich damit vollg'fressn wie Sie und alle.‹ Das waren die letzten Worte, aber noch in seinen gebrochenen Augen war die feste, wenn auch nicht mehr stolze Überzeugung, daß er weiterspiele.

›Valentin wird nicht mehr gesendet!‹ sagte der Redakteur, und man begrub Valentin im ›Ausland‹, in Planegg. In dem Rundfunk aber gab man neuen lustigen Unterhaltungskünstlern eine Chance. Für die Bayern war das eine fühlbare Erholung, dass es im Rundfunk endlich wieder was zum Lachen gab. Ihnen fehlte nichts. Die Gaudi, die ihnen schmeckte, brachten ihnen ohne langes Nachdenken die neuen Künstler; nicht einmal die Freiheit schienen sie zu vermissen. Und die Rundfunkhörer umdrängten die Rundfunkgeräte und wollten sich gar nicht mehr fortrühren.«

Obwohl sich Kafka mehrmals für kurze Zeit in München aufhielt, kam es zu keinem Zusammentreffen zwischen ihm und Karl Valentin. Was hätte der um ein Jahr ältere Valentin nur über Franz Kafka gesagt, hätte er dessen einzige Münchner Lesung am 10. November 1916 in der Galerie Goltz miterlebt, bei der Kafka seine Geschichte »In der Strafkolonie« vortrug und die zu einem »grandiosen Misserfolg« wurde?

Valentin trat im November 1916 mit seinem Stück »Die Münchner Bürgerwehr« auf, das später die Titel »Bürgerwehr-Kapelle«, »Wachparade am Sendlinger Tor« und schließlich »Raubritter vor München« hieß. Was hätte wohl Franz Kafka zu dem Tragikomiker Valentin gesagt, hätte er ihn erleben dürfen? Hätte Kafka mit Valentins Kunst überhaupt etwas anfangen können?

Bekanntlich hatte Kafka in Prag zu mehreren Schauspielerinnen und Schauspielern Kontakt und besuchte regelmäßig Vorstellungen einer jiddischen Truppe

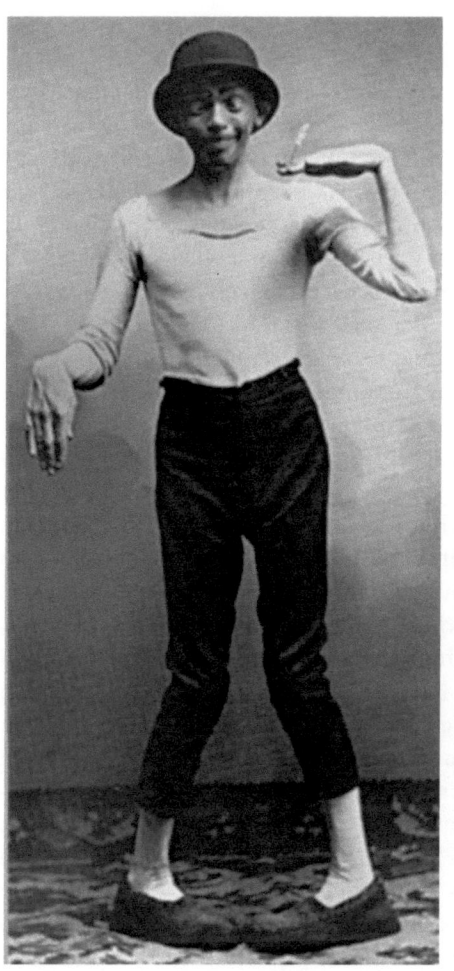

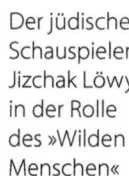

Der Komiker
Karl Valentin
als »Skelett-
giggerl«

Der jüdische
Schauspieler
Jizchak Löwy
in der Rolle
des »Wilden
Menschen«

von Wanderschauspielern aus Polen, zu der auch Jizchak Löwy gehörte, »den ich im Staub bewundern möchte«, wie Kafka notierte, mit dem ihn eine enge Freundschaft verband, den er – zum Ärger seines Vaters – auch mehrfach in seine Wohnung einlud, für den er einen Rezitationsabend veranstaltete und dessen ostjüdischen Dialekt er schätzte. Bei manchen Aufführungen, von Kritikern abfällig als »Schmierentheater« bezeichnet, »ging mir ein Zittern über die Wangen«, wie Kafka notierte. Zwei Jahre nach seiner Abreise aus Prag schrieb Jizchak Löwy an Kafka: »Sie waren doch der Einzige was war so gutt zu mir […] der einzige was hat zu meiner Seele gesprochen, der einzige was hat mich halbe Wegs verstanden.«

Es darf angenommen werden, dass Kafka auch von Karl Valentin beeindruckt gewesen wäre. Vielleicht hätte er auch ihn wie seinen Freund Jizchak Löwy »im Staub bewundert«. Interessant in diesem Zusammenhang ist die Bemerkung des Filmhistorikers Thomas Brandlmeier: »Es ist mir unverständlich, dass bislang noch niemand die Verwandtschaft von jiddischem und valentineskem Wortwitz aufgefallen ist (aber auch genauso der Mut zur grotesken Körperlichkeit).« Es gibt ein Foto von Jizchak Löwy, das ihn in der Rolle des »Wilden Mannes« zeigt, auf dem dieser erwähnte »Mut zur Körperlichkeit« und zur Groteske ersichtlich ist. Ein Foto von Valentin in Clownspose weist eine unglaubliche Ähnlichkeit mit Löwy auf.

Bemerkenswert ist auch, dass Valentin das Thema »Hungerkünstler« bewegte, weshalb er es mehrfach thematisierte. Im selben Jahr, als sich Kafka 1916 für drei Tage in München aufhielt, entstand interessanter Weise Karl Valentins kleine Skizze »Der Hungerkünstler«. In ihr stellt er den »erfolgreichsten Hungerkünstler der Gegenwart, Herr Nepomuk Plieventranz« vor, der »nicht mehr alt, auch nicht jung« ist, sondern »mittelalt, sozusagen mittelalterlich«. Er ist der »Sohn steinreicher Eltern, welche in den ärmlichsten Verhältnissen leben und dennoch keine Kosten gescheut haben, ihren einzigen Sohn Nepomuk als Künstler ausbilden zu lassen und zwar als Hungerkünstler. – Während seine Eltern zu den Mahlzeiten Schweinsbraten und Kartoffelknödel pfundweise verschlangen, durfte der kleine Nepomuk nur zuschauen, um sich für seinen späteren Beruf zu trainieren.« 42 Tage lang kann er mittlerweile »mit höchster Geschwindigkeit« hungern. Soweit Valentins erste höchst knappe Skizze.

In seinem 1934 eröffneten Panoptikum stellte Valentin dann einen Hungerkünstler namens Sukki als Wachsfigur aus, »der sich vor einem herrlich gedeckten Tisch mit Geflügel, Trauben, indischen Schwalbennestern und anderen Delikatessen selber dem Hungerstod ausliefert.«

Aber erst 1941 arbeitete Valentin seine 1916 formulierte Einlage »Der Hungerkünstler« zu dem Dialog »Hungerkünstler Baptist Pliventrans« um. Er nannte Pliventrans »eine Konkurrenz des berühmten Hungerküstlers Sukky Succi«, der statt

40 Tagen 41 Tage zu hungern vermag. Als Pliventrans allerdings seine Vorführung im Rundfunk vor dem Mikrofon beginnen soll, bedauert er, dass es den Hörern wohl zu langweilig werden würde, wenn er 41 Tage lang, ohne gesehen zu werden, nur hungernd vor dem Mikrofon herumstehen würde. »Unsere Hörer sind zwar sehr geduldig«, bestätigt ihn darauf der Ansager, »aber Hunger kann man nicht senden, – höchstens haben.«

Dass nicht nur Valentin im Kriegsjahr 1941, wie viele andere auch, Hunger hatte, steht fest. Seine »Ritterspelunke« hatte er bereits geschlossen und aus Angst vor Bombenangriffen auf München dachte er daran, sich nach Grünwald und dann nach Planegg zurückzuziehen, was er 1942 dann auch tat. »Mich freut gar nichts mehr«, schrieb er im Februar 1941 an Liesl Karlstadt.

Auch als Franz Kafka 1922 seine Geschichte »Ein Hungerkünstler« verfasste, war Hungern keine Kunst mehr, sondern schreckliche Tatsache geworden. In Russland ereignete sich zu dieser Zeit nämlich eine entsetzliche Hungerkatastrophe, anlässlich der die Welt um Hilfe angefleht wurde. Angesichts dieser realen Not schien den Menschen die Lust am Beobachten von Hungerkünstlern gründlich vergangen zu sein. Man hungerte zu diesen Zeiten aber nicht nur nach dem täglichen Brot, sondern auch nach Frieden, um endlich wieder in Ruhe den Alltagsgeschäften und den beruflichen Aktivitäten nachgehen zu können. Stattdessen drohten jedoch Not und Untergang und dies nicht nur den Hungerkünstlern, sondern auch so manchen anderen Kunstschaffenden.

Im Stummfilm »Der Sonderling« sitzt Valentin im Gefängnis. Der Aufseher teilt ihm – so der Zwischentitel – mit, dass er entlassen sei.

»Warum«, fragt Valentin.

»Weil Sie unschuldig sind«, sagt der Beamte.

»Wieso«, fragt Valentin.

Dieses »Ich bin unschuldig? – Wieso?« findet sich in abgewandelter Form auch in Kafkas Roman »Der Prozeß« wieder, in dem Josef K., ein unauffälliger Bankprokurist, eines Morgens, ohne dass er den Grund begreift, verhaftet wird. Nach Irrwegen durch zahllose Instanzen, wird er, immer noch ohne Klarheit darüber, was man ihm eigentlich anlastet, in einem Steinbruch hingerichtet. Er wehrt sich nicht. Fragt Valentin: »Ich bin unschuldig? Wieso?«, so denkt Josef K.: »Ich bin schuldig? Wieso nicht?«

»Das berührt schon Metaphysisches«, erkannte der Filmjournalist Ulrich Kurowski. »Der schlichte Volkssänger aus München bekommt Ähnlichkeit mit Franz Kafka.«

»[…] und außerdem ist ja mein Wesen Angst.« Es ist »Angst vor der Veränderung, Angst davor, die Aufmerksamkeit der Götter […] auf mich zu lenken […] Ich habe, aufrichtig gesagt, eine fürchterliche Angst vor der Reise, natürlich nicht gerade vor dieser Reise und überhaupt nicht nur vor der Reise, sondern vor jeder Veränderung; je größer die Veränderung ist, desto größer zwar die Angst, aber das ist nur verhältnismäßig, würde ich mich nur auf allerkleinste Veränderungen beschränken – das Leben erlaubt es allerdings nicht –, würde schließlich die Umstellung eines Tisches in meinem Zimmer nicht weniger schrecklich sein als die Reise nach Georgental. Übrigens nicht nur die Reise nach Georgental ist schrecklich, auch die Abreise von dort wird es sein. Im letzten oder vorletzten Grunde ist es ja nur Todesangst.« Nein, diese Worte formulierte nicht Karl Valentin, sondern Franz Kafka.

»Vielleicht ist es die Bedingung des Künstlerseins überhaupt«, schreibt der Schriftsteller Jürg Amann »einerseits zur Welt in einer so extremen Spannung zu stehen, wie sie etwa durch die Angst bezeichnet wird, und andererseits gerade diese Spannung als sein eigentliches Selbst zu bejahen. – Wer nur den ersten Teil der Bedingung erfüllt, verliert den Gleichschritt mit der Welt, ohne die Kraft zu besitzen, den eigenen Schritt zum Maß aller Dinge zu machen und den eigenen Weg als neue Welt zu statuieren. Er wird allenfalls im Wahnsinn enden. – Wer nur den zweiten Teil erfüllt, wird, eins mit sich selbst und der Welt, nichts über die Welt zu sagen haben, geschweige denn eine eigene schaffen. Kafka erfüllte die ganze Bedingung.« Und Karl Valentin auch. Sein Wort »Immer denkt's in mir«, formulierte Kafka eindringlicher, wenn er sagt: »Die ungeheure Welt, die ich im Kopf habe. Aber wie mich befreien und sie befreien, ohne zu zerreißen. Und tausendmal lieber zerreißen, als in mir sie zurückhalten oder begraben. Dazu bin ich ja hier, das ist mir ganz klar.«

Kafkas Geständnis: »Ich habe kein literarisches Interesse, sondern bestehe aus Literatur, ich bin nichts anderes und kann nichts anderes sein«, würde bei Karl Valentin lauten: »Ich habe kein tragikomisches Interesse, sondern bestehe aus Tragikomik, ich bin nichts anderes und kann nichts anderes sein.«

Valentins Geistesverwandtschaft zu Franz Kafka offenbart sich in zahlreichen Parallelen. Entfaltete sich Kafkas Leben am Schreibtisch, so Valentins Leben auf der Bühne und dies bei beiden in einer radikalen Entäußerung von Geist und Psyche zum hohen Preis von nie enden wollenden Ängsten und von lebenslangem Scheitern. Doch über alle Niederlagen und Schmerzen trug bei beiden letztlich das Genialische den Sieg davon.

»Mein Kopf wollte nach Bayern«

Verhinderter Frühjahrsurlaub 1920

Kafka bereitete 1920 sein sich kontinuierlich verschlechterndes Lungenleiden große Sorgen. Der strenge Prager Winter hatte ihn ebenso geschwächt wie seine seelischen Krisen. Am 26. Februar 1920 suchte er den Anstaltsarzt Dr. Kodym auf, der feststellte, dass beide Lungenflügel stark angegriffen seien. Er empfahl dringend einen achtwöchigen Genesungsurlaub, der Kafka auch genehmigt wurde. Eigentlich hätte Kafka einen ausgedehnten Frühjahrsurlaub in München verbringen wollen: »Im Feber will ich mit einigen Hoffnungen für vielleicht ¼ Jahr nach München fahren«, schrieb er am 24. November 1919 an die Eltern seiner zweiten Verlobten Julie Wohryzek, »vielleicht könnte J., die ja seit jeher von Prag fort wollte, auch nach München kommen.« In der Beziehung der beiden, die Kafkas Vater energisch ablehnte, kriselte es heftig, denn auch Kafka schien eine Ehe mit ihr als nicht realisierbar. Deshalb gab er sich auch die Schuld, Julie »der Unschuldigen und Gütigsten soviel Leid verursacht« zu haben. Auf der Münchenreise, so Kafkas Hoffnung, würden »wir ein anderes Stück Welt sehn, manches würde sich vielleicht ein wenig ändern, manche Schwäche, manche Angst zumindest ihre Form, ihre Richtung ändern.«

Die Reise nach München aber zerschlug sich im Februar, als ihm klar wurde, dass er keinen »Gesundheitsurlaub«, sondern einen »Krankheitsurlaub« brauchte, wie er sich Kurt Wolff gegenüber ausdrückte. »Nach Meran werde ich kaum fahren«, schrieb er im Februar an Minze Eisner, »es ist ein wenig zu teuer, vielleicht fahre ich in die Bayerischen Alpen. Mein Kopf hat, glaube ich, den Norden lieber, meine Lunge den Süden. Da aber gewöhnlich die Lunge sich opfert, wenn es dem Kopf zu arg wird, so hat allmählich auch der Kopf aus einer Art Erkenntlichkeit Verlangen nach Süden bekommen.« Und so ließ sich Kafka einen Prospekt vom Sanatorium Kainzenbad bei Partenkirchen zusenden, bekam von dort aber die Nachricht, dass erst Ende März ein Zimmer frei würde, was ihm zu spät erschien. Außerdem glaubte er jetzt plötzlich »weder Sanatorium noch ärztlich Behandlung« zu benötigen, »im Gegenteil, beides schadet eher, sondern nur Sonne, Luft, Land, vegetarisches Essen.«

Kafkas zweite
Verlobte Julie
Wohryzek
(1891–1944)

»Vielleicht fahre ich doch nach Meran«, schrieb er im März 1920 an Minze Eisner, »oder auch nach dem Mond, wo überhaupt keine Luft ist und sich die Lunge
deshalb am besten ausruhn kann.« Obwohl aus Kainzenbad die Nachricht kam,
es wäre nun doch schon Anfang März ein Zimmer frei, gab es neue Komplikatio-
nen, wie Kafka Ende März Kurt Wolff klagte: »Bayern bleibt spröde. Das Zimmer hatte ich, aber das Visum wollte man mir für einen längeren Sanatoriums-
aufenthalt ohne Einreisebewilligung der bayerischen Gemeinde nicht geben. Ich
telegraphierte nach Kainzenbad, man möge es mir verschaffen. Statt der Be-
willigung telegraphierte man mir aber zurück, dass ab dem 15. d. M. Fremden-
sperre ist.« Jetzt hatte Kafka genug und er kam zu dem Entschluss: »[…] ich kehre
alles Geld zusammen und fahre nach Meran, nicht gern im Grunde, denn wenn es
auch für meine Lunge vielleicht besser ist, mein Kopf wollte nach Bayern und da er

meine Lungenkrankheit dirigiert, wäre es auch irgendwie richtig gewesen.« Und so absolvierte er vom 3. April bis zum 28. Juni 1920 eine dreimonatige Kur in Meran anstatt in Bayern, wohin er eigentlich wollte.

Obwohl Kafka weder nach München noch nach Bayern kam, war er dennoch in München zu hören. Am 27. Januar 1922 rezitierte hier Ludwig Hardt (1886–1947), neben Texten von Georg Heym, auch Erzählungen von Kafka. Diesen viel gerühmten Rezitator hatte Kafka Anfang Oktober 1921 in Prag kennen gelernt, wo er im Café »Edison« Texte von Ludwig Börne, Johann Peter Hebel, Robert Walser und von Kafka – so etwa dessen Prosatext »Elf Söhne« – vorgetragen hatte. Ein Jahr später, am 4. Oktober 1922, unterhielt er sich mit Hardt im Hotel »Blauer Stern« über das Vorlesen literarischer Texte, ein Thema das Kafka seit jeher brennend interessierte. Nicht allein er war von Hardts Rezitations-

Franz Kafka um 1921

weise gefesselt, weshalb er ein Exemplar seines Buches »Ein Landarzt« dem verehrten Vorleser mit der Widmung überreichte: »Ich danke Ihnen für diese Stunden des Herzklopfens«. Auch Thomas Mann rühmte diesen »scharfen, schwarzen, glühenden, von Geist und Talent besessenen kleinen Mann«, in dessen Darbietungen er ein »Element von Dämonie« zu erkennen glaubte. Hardts Vortragsabende rissen, wie Max Brod versicherte, jedes Publikum »zu Begeisterungsstürmen hin«. Im Gegensatz zu anderen Vermittlern zeitgenössischer Dichtung verzichtete dieser Meister des Vortrags nämlich gänzlich auf eine künstlerische Modulation seiner Stimme, wodurch er insbesondere Kafkas »kristallklare Prosa«, wie die Kritik lobte, zu dichtester Wirkung brachte. Kafkas Texte bedürfen »eines Vermittlers vom Range Hardts, um aus ihrer Einsamkeit erlöst zu werden«, heißt es im Prager »Tagblatt«. »Nur Hardt darf es wagen, diese metaphysischen, in strenggegliederte Sätze gebannten Handlungen unbefangenen Hörern nahe zu bringen. Dass es ihm gelingt und er damit dem viel zu wenig bekannten Dichter [Kafka] und dem Publikum dient, beweist, was er kann. Man jubelt dem Zauberer zu.«

»Hardt las ihn [Kafka] so«, schrieb Kurt Tucholsky am 1. Dezember 1921 in »Die Weltbühne«, »dass der unterirdische Strom dieser Prosa, die unhörbaren Versfüße, die bis zur Schizophrenie gehenden Bilder sich leise und voll entfalteten.«

Kafka hatte noch eineinhalb Jahre zu leben. Davon hielt er sich ein halbes Jahr in Berlin auf. Nach München, wo er sich alles in allem nur etwa 14 Tage aufgehalten hatte, kam er nicht mehr.

»Er war der Vater meines Jungen«

Kafkas Sohn – ein Münchner?

Kafkas enger Freund Max Brod erhielt 24 Jahre nach dessen Tod im Frühjahr 1948 von dem in Jerusalem lebenden Musiker Wolfgang Schocken die
überraschende Information, dass Kafka, was bisher niemand für möglich gehalten hatte, einen Sohn gehabt habe. Als Beweis zeigte Schocken Max Brod einen
Brief von der Mutter des Kindes, bei der es sich um Margarete Bloch handelte,
die damals nicht mehr lebte. In dem Brief, der am 21. April 1940 von Florenz aus
abgesandt worden war, wo Grete Bloch damals lebte, stehen unter anderem die
rätselhaften Sätze: »Ich besuchte damals das Grab des Mannes [gemeint ist Franz
Kafka], der mir so unendlich viel bedeutete, 1924 starb, seine Meisterschaft wird
heute noch gepriesen. Er war der Vater meines Jungen, der nahezu sieben Jahre alt
plötzlich in München 1921 starb. Fern von mir und von ihm, von dem ich mich
schon im Krieg trennen musste und dann nicht wiedersah – bis auf wenige Stunden – weil er einer tödlichen Krankheit, in seiner Heimat, fern von uns, erlag.«
Grete Blochs damalige Bekannte berichteten, sie habe geradezu zwanghaft immer
wieder von ihrer Romanze mit dem verstorbenen Schriftsteller geschwärmt. Die
Geburt des Kindes habe sie, wie sie betonte, stets allen, auch dem angeblichen
Kindsvater verschwiegen. »Die Mutter des Kindes«, so Max Brod, »eine sehr stolze,
geistig wie materiell unabhängige Dame, die sich aus Empfindlichkeit leicht in sich
selbst zurückzog, hatte vielleicht Hemmungen seelischer Art, sich Kafka anzuver-
trauen, denn der kurzen Beziehung war eine langdauernde und endgültige Entfremdung gefolgt.«

Wer war diese Grete Bloch, die diese bis heute umstrittene Behauptung aufstellte?
Der 30-jährige Kafka begegnete Ende Oktober 1913 der damals 22-jährigen Steno-
typistin und Sekretärin erstmals in Prag. Seine Braut Felice hatte sich mit ihr an-
gefreundet und sie hinsichtlich partnerschaftlicher Probleme zwischen ihr und
Kafka um Vermittlung gebeten. Grete Bloch nahm diese ihr zugedachte Rolle
bereitwillig an. Kafka ließ sich allerdings nur widerwillig auf ein Treffen ein, wie er
Grete Bloch auch schriftlich mitteilte: »Zu Zeiten wäre ich glücklich gewesen, mit
Ihnen zusammenzukommen, heute aber muss ich sagen, daß mir noch niemals ei-

Margarete Bloch
(1892–1944)

Gespräch zu einer Klarstellung verholfen, sondern mich höchstens verwirrt hat. Und an Verwirrung fehlt es mir nicht, wie Sie gewiss ahnen.«

Doch bereits nach dem ersten Treffen war Kafka von der intelligenten, sympathischen Person angetan. In dem ein Jahr währenden Kontakt lernte er sie als eine gewissenhafte und tüchtige Frau mehr und mehr zu schätzen und bald fühlten sich beide zueinander hingezogen. Bei der mütterlichen Freundin konnte Kafka sein Herz ausschütten. Im ersten Halbjahr 1914 war der Briefverkehr zwischen ihm und Grete viel ausführlicher als mit Felice. Vermutlich zogen ihn besonders deren verletzliches und introvertiertes Wesen an. In seinen Briefen an sie machte er ihr unmissverständliche Komplimente. »Liebes Fräulein Grete«, so versicherte er ihr beispielsweise am 15. April 1914, »ich habe eine ganz offenbare und wirkliche Sehnsucht nach Ihnen.« Und am 21. Mai 1914 erinnerte er sich an die Nerzstola, die sie bei der ersten Begegnung trug: »Heute allerdings«, so Kafka, »dürfen Sie von 500 solchen Pelzen umwickelt sein und ich getraue mich, Sie aus allen zu befreien.«

Grete Bloch trieb bald ein eigenartiges Doppelspiel. Während sie Felice Kafkas ablehnende Haltung gegenüber einer Ehe mitteilte, ermutigte sie ihn weiterhin zur Heirat. Sie selbst war in dieser Zeit in eine folgenreiche Liebesaffäre verstrickt, denn nach eigenen Angaben brachte sie Ende 1914 oder Anfang 1915 einen unehelichen Sohn zur Welt. War dies Kafkas Kind? Oder war der Vater ein anderer Mann und Grete Bloch behauptete erst nach Kafkas Tod, er sei der Vater gewesen?

1916 teilte Felice Kafka mit, dass Grete eine ernste Krise durchlebe, wobei nicht zur Sprache kam, um welche Art Schwierigkeit es sich dabei handelte. Kafka reagierte auf die Nachricht besorgt: »Wie trägt es Frl. Bloch und was bedeutet es für sie?« fragte er Felice und ermahnte sie, der Freundin Beistand zu leisten: »Fräulein Gretes Leid geht mir sehr zu Herzen; jetzt verlässt Du sie gewiss nicht, wie Du es früher manchmal scheinbar unbegreiflich getan hast.« Mehrfach wurde die Frage gestellt, ob sich das erwähnte »Leid«, das Grete Bloch damals zu tragen hatte, auf eine Schwangerschaft bezog. Nach der Bekanntgabe ihrer brieflichen Äußerung von 1940 durch Max Brod wurde darüber jedenfalls lebhaft spekuliert.

Verheiratet war Grete Bloch nie. 1935 flüchtete sie vor den Nazis über Genf nach Palästina. In Florenz, wo sie sich schließlich niedergelassen hatte, wurde sie, so die Auskunft des britischen Roten Kreuzes, 1944 nach der Besetzung Italiens durch Hitler zusammen mit anderen Juden von den Nazis gefangengenommen und, wie Max Brod mitteilte, auf dem Transport in ein Vernichtungslager »von einem deutschen Soldaten mit dem Gewehrkolben erschlagen«.

Während Max Brod von Kafkas Vaterschaft überzeugt war, wird sie heute von den meisten Kafka-Experten trotz der in Kafkas Briefen geäußerten Zuneigung zu Grete Bloch für unwahrscheinlich gehalten. Dass sie ein Kind gehabt habe, wird zwar als durchaus möglich angesehen, auch, dass sie für Kafka große Zuneigung empfunden habe. Aber gegen Kafkas Vaterschaft sprächen sämtliche Daten und Fakten. Kafka habe sich, dies auch durch die ihm negativ erscheinende Ehe der Eltern bedingt, weder ein Leben als Ehemann vorstellen können, noch hätte er mit eigenen Kindern etwas anzufangen gewusst. Intimitäten zwischen ihm und Fräulein Bloch werden in Abrede gestellt. Die im Mai 1915 erfolgte Reise von Kafka, Felice und Grete in die Böhmische Schweiz wäre, so mutmaßt man, bei einer offenkundigen Schwangerschaft oder bereits erfolgter Geburt sicher nicht zustande gekommen. Seit 1916 hatte Kafka überhaupt keinen unmittelbaren Kontakt mehr zu Grete. Und auch Kafkas Bitte an seine Verlobte Felice, »Fräulein Grete« in ihrem

»Leid« zu unterstützen, klingt eher reserviert, sodass angenommen werden darf, Kafka habe nicht die leiseste Ahnung von einer möglichen Vaterschaft gehabt. Vielmehr, so die allgemeine Meinung, habe Grete Bloch, aus welchen Gründen auch immer, sich mit zunehmendem Alter fortwährend mehr in ein Wunschdenken verstrickt, wobei sie dann Tatsachen und Einbildung miteinander vermischt habe.

Da über Grete Blochs Sohn keine weiteren Unterlagen existieren, »lässt sich«, wie dies Max Brod abschließend konstatierte, »nicht feststellen, wie Kafkas Sohn mit Vornamen geheißen hat, unter welchen Umständen er gelebt hat und gestorben ist. Es gibt wohl kein Wesen, das den Bereich der Historie unter Zurücklassung einer so geringen Spur verlassen hat wie Kafkas einziger Sohn«, der in München zur Welt gekommen und im Alter von sieben Jahren dort auch gestorben sein soll.

»Eintauchen in wunderbar stille Alleen«

Kafkas Einstellung zu Stadt und Land

In Folge der industriellen Revolution nahmen viele Menschen die Stadt der Jahrhundertwende, trotz aller Faszination, die sie auch ausübte, als ein Schreckensszenario wahr und sehnten sich nach der erlösenden Ruhe auf dem Land.

Von der Kulturreformbewegung wurde die Stadt mit seinen Menschenmassen und der Hektik ebenso als Ort der Entfremdung abgelehnt wie von der Jugend- und Heimatkunstbewegung. »In den Städten ist schlecht leben«, lässt bereits Friedrich W. Nietzsche Zarathustra sagen.

Schon in jungen Jahren beschäftigte dieses Thema auch Franz Kafka, der als Titel für ein nie erschienenes Buch »Das Kind und die Stadt« wählte, in dem er vermutlich das Leiden des Kindes an der Stadt beschrieben hätte. Für seine späteren Leiden machte Kafka die Erziehung in der Stadt verantwortlich, wie er um 1910 ins Tagebuch notierte: »Erwartet man vielleicht, dass ich irgendwo abseits erzogen worden bin? Nein, mitten in der Stadt bin ich erzogen worden, mitten in der Stadt.«

Kafka sehnte sich zeitlebens nach einer ländlichen Umgebung und verabscheute die Stadt. Gegenden, die ihn »zu Spaziergängen lockten« zogen ihn an. Er schätzte »die gute Luft zum Atmen«, dies nicht zuletzt auch wegen seines Lungenleidens. Städte erinnerten ihn immer an Prag, wo er sich wie sein Kollege Meyrink vom dämonischen Zauber der Stadt förmlich eingekerkert und vom Grau der Altstadt erdrückt fühlte, obwohl ihn andererseits deren »rattenfängerische Schönheit«, wie dies Paul Leppin formulierte, auch faszinierte.

Mit Zuneigung konnten in seinen Augen nur jene Städte rechnen, die Gartenstadtcharakter aufwiesen wie ihm dies für Dresden und Berlin zuzutreffen schien. So bezeichnete er 1921 in einem Brief Dresden gegenüber München als »viel gesünder, gartenstadtmäßiger«. Und die Umgebung seiner Wohnung in Berlin Steglitz nannte er in einem Schreiben vom 9. Oktober 1923 an seinen Freund Felix Weltsch »freilich wunderbar, meine Gasse ist etwa die letzte halb städtische, hinter ihr löst sich das Land in Gärten und Villen auf, alte üppige Gärten. An lauen Abenden ist ein so starker Duft, wie ich ihn von anderswoher kaum kenne. Dann ist da noch der große Botanische Garten, eine

Kafkas Lieblings-
schwester Ottla
(1892–1943)
besuchte ihn
1917/1918 in Zürau

Der Karlsplatz in München um 1910

Viertelstunde von mir, und der Wald, wo ich allerdings noch nicht war, keine volle halbe Stunde. Die Einfassung des kleinen Auswanderers ist also schön.« Dort in Berlin Steglitz verlor sich Kafka, wie er am 25. Oktober 1923 Max Brod versicherte, »in den stillen, herbstlichen Alleen. Meine Straße ist die letzte annähernd städtische, dann löst sich alles in den Frieden von Gärten und Villen auf, jede Straße ist ein friedlicher Gartenspazierweg oder kann es sein.«

Wie sehr sich Kafka zum Landleben hingezogen fühlte, beweist auch seine Zufriedenheit, wenn er sich in Zürau in Nordwestböhmen bei seiner Schwester Ottla auf einem Hof aufhielt, den sie von der Familie ihres Schwagers zur Bewirtschaftung bekommen hatte. Eine Zeitlang wollte er sogar Kartoffelbauer werden oder er träumte davon »als Landarbeiter oder Handwerker nach Palästina zu gehen, um ein sinnvolles Leben in Sicherheit und Schönheit zu finden. [...] Ich liebe den Geruch des gehobelten Holzes, das Singen der Säge, Hammerschläge [...] intellektuelle Arbeit reißt den Menschen aus der menschlichen Gemeinschaft.«

In Innenstädten hatte Kafka hingegen Angst, wie er am 2. Oktober 1923 Max Brod versicherte, »dass ich [...] einen großen Teil der Atemfähigkeit verliere, zu

Gesamtansicht von Zürau heute

Der Marktplatz von Zürau;
rechts neben der Kirche
(durch den Baum halb
verdeckt) das – heute nicht
mehr existierende – Haus
Kafkas, daneben das Haus
mit dem (Kafka irritierenden)
»einzigen Klavier Nordwest-
böhmens«

husten anfange, noch ängstlicher werde als sonst, alle Drohungen dieser Stadt
[Berlin] gegen mich vereinigen sehe.« Deshalb hielt er sich »vor der inneren Stadt
freilich [...] zurück, war nur dreimal dort.« In ihr ist es ihm »zu lärmend, glücklich
tauche ich dann in die wunderbar stillen Alleen.«

In einem an Oskar Pollak gerichteten Schreiben, in dem er es dem Freund förm-
lich neidet, dass dieser »gute Luft zum Atmen hat in diesem grünen Frühling«,
bezeichnete er die von der Natur getrennten Städter als die »Halbverschütteten«.
In seiner »Geschichte vom schamhaften Langen und vom Unredlichen in seinem
Herzen«, die kurz nach der Rückkehr von seiner ersten Reise nach München 1903
entstand, thematisierte er auch das Gegensatzpaar Stadt – Land. Während der
Lange »in einem alten Dorf verkrochen zwischen niedrigen Häuschen und engen
Gässchen« lebt, in denen man »sich freundschaftlich aneinander reiben« kann,
wohnt der Unredliche in einer Stadt, die jeden Abend rast und sich betrinkt. »Die-
ses ist nämlich der Städte Glück.«

Keine der drei großen Städte, in denen Kafka zu leben versuchte, konnten ihm
letztlich wirklich zur Heimat werden:

Nicht Prag, »das Mütterchen mit Krallen«, dem er entfliehen wollte, das ihn aber zeitlebens wie ein Raubtier festhielt, mit ihm Katz und Maus spielte, und das ihm ständig den drohenden Untergang vor Augen führte.

Nicht München, die Stadt, für die er trotz mehrmaliger Aufenthalte keinerlei bemerkenswertes Interesse empfand, die für ihn letztlich nichts weiter als ein Ort »trostloser Jugenderinnerungen, flüchtig wahrgenommener Sehenswürdigkeiten und grandioser Misserfolge« war.

Und auch nicht Berlin, die Stadt die ihn zwar besonders anzog, die ihm aber nur wenige Monate Herberge geben konnte.

Vielleicht gehörte auch deshalb Kafkas Sehnsucht in der letzten Lebensphase einem ganz besonderen, einem ganz fernen Land, dem gelobten Land Palästina. Dort, so träumte er, würde er mit seiner letzten Lebensgefährtin Dora Diamant in Jerusalem oder auch in Tel Aviv ein »kleines Restaurant« eröffnen, Dora in der Küche und er, Kafka, als Kellner. Doch auch diese Idee sollte lediglich ein Traum bleiben.

In seiner 1923 verfassten Parabel »Ein Kommentar« gibt ein Polizist dem ratsuchenden Franz Kafka, der ihn »atemlos nach dem Weg« fragt, die vernichtende Antwort. »Von mir willst Du den Weg erfahren?«

»Ja«, sagte ich, »da ich ihn selbst nicht finden kann.«

»Gib's auf, gib's auf«, sagte er und wandte sich mit einem großen Schwunge ab, so wie Leute, die mit ihrem Lachen allein sein wollen.« Erst kurz vor seinem Tod gab Kafka die Suche nach dem Land auf, nach dem er sich zeitlebens gesehnt hatte.

»Alles Leben ist nur Fragment«

»Der noch kaum erkannte Lyriker Franz Kafka«

In München hielt sich der 20jährige Kafka erstmals von Ende November bis zum 5. Dezember 1903 für knapp zwei Wochen auf. Einige Tage vorher hatte er am 9. November 1903 seinem Freund Oskar Pollak einen Brief gesandt mit den Worten: »Hier sind noch einige Verse. Lies sie in guten Stunden.« Im Anschluss an diese Bemerkung finde sich ein Gedicht mit drei Strophen, die mit den Worten beginnen: »Kühl und hart ist der heutige Tag […] – In dem alten Städtchen stehn […] – Menschen, die über dunkle Brücken gehen […].« Ereignete sich vor Kafkas erstem Münchenaufenthalt also seine Geburtsstunde als Lyriker? Gibt dieses von ihm notierte Gedicht einen Hinweis darauf? Seither sorgt diese Frage bis heute für lebhafte Diskussionen und gibt Anlass zu der umstrittenen Behauptung: »Franz Kafka ist auch ein Lyriker.« In diesen Diskurs einbezogen werden die Begriffe »lyrisch«, »poetisch«, »Lyrik« und »Gedicht«, die Kafkas schriftlichen Äußerungen vielfach unterstellt wurden und werden. Aber lassen sich wirklich gute Gründe dafür anführen, Kafka als Lyriker und gar als bedeutenden Lyriker anzuerkennen?

Bezeichnet im Allgemeinen »Lyrik« eine literarische Gattung im Gegensatz zu »Epik« und »Dramatik«, so ist zu beachten, dass sich Kafka grundsätzlich scheute, sein Werk in literarische Gattungen einordnen zu lassen. Auch auf Bezeichnungen wie Erzähler, Romanautor, Dichter, Lyriker und andere legte er keinen Wert. Ihm ging es allein um das Schreiben, weil er schreiben musste, weil er einen Schreibzwang in sich verspürte. Schreiben wurde ihm zur Existenzform. Vorrangig nachts formten sich seine Gedanken zu Worten und Worte zu halben und ganzen Sätzen. Es waren oft nur Bruchstücke, die er auf Zetteln oder in kleine Quart- und Oktavhefte notierte, auch Einträge in seine Tagebücher, vieles davon mit Veränderungen, Streichungen, Korrekturen. Es waren Randnotizen, Entwürfe, Anfänge von Erzählungen, alles nur »Gekritzel«, wie er es abfällig nannte. Bisweilen schnitt er Seiten aus Quartheften, bündelte sie neu oder drehte sie um, schrieb auf dem Kopf weiter und ließ verschiedene Texte aufeinander zulaufen. Kurze Prosastücke entstanden mit oft nur ein paar Zeilen, dann auch längere, kleine Erzählungen. Er verfasste viele Briefe, notierte kurze aphoristische Gedanken, ja, und auch ein paar

Verse und Gedichte. Das Geschriebene zu veröffentlichen, davor scheute er sich, lieber war es ihm, wenn dies unterblieb, man musste ihn schon dazu drängen. Manches vernichtete er auch wieder. Vor seinem Tod wünschte er sogar, alles von ihm Geschriebene würde verschwinden. Seine drei heute berühmten Romanfragmente »Der Prozeß«, »Das Schloß«, »Der Verschollene« wurden erst nach seinem Tod – im Grunde gegen seinen Willen – veröffentlicht.

»Ich habe nie eine Zeile von diesem Autor gelesen«, schrieb der wohl einflussreichste deutschsprachige Lyriker Rainer Maria Rilke, »die mir nicht auf das eigentümlichste mich angehend oder erstaunend gewesen wäre.« Und Kurt Tucholsky äußerte: »Er [Kafka] schreibt die klarste und schönste Prosa, die zur Zeit in deutscher Sprache geschaffen wird.« »Wir werden hier«, urteilte Albert Camus, »an die Grenze des menschlichen Denkens versetzt. Ja, an diesem Werk ist im wahren Sinne des Wortes alles wesentlich. [...] Es ist das Schicksal und vielleicht auch die Größe dieses Werkes, dass es alle Möglichkeiten darbietet und keine bestätigt.«

Als wohl erster bedauerte es Kafkas engster Freund, der Schriftsteller Max Brod, dass sich noch niemand mit Kafkas »noch kaum erkannter Lyrik« beschäftigt hat, obwohl nach dem erwähnten ersten Gedicht 1903 etwa 15 weitere Gedichte oder – treffender gesagt – lyrische Versuche und Fragmente bis 1920 von ihm erschienen, die am Ende dieses Beitrags alle zitiert werden. Allerdings einen eigenen Band mit Gedichten veröffentlichte Kafka nie. Und wer keine Gedichte publiziert, so die Meinung mancher, so jemand kann auch kein Lyriker sein. Andere halten ihn aber sehr wohl dafür. Lassen sich aber wirklich überzeugende Gründe dafür anführen, diesen vom Schreiben besessenen Menschen als »Lyriker« zu bezeichnen oder ist dies nicht nur eine haltlose Unterstellung?

»Lyrische Ergüsse« in der Pubertät

Eigene lyrische Versuche notierte Kafka bereits in jungen Jahren, die er auch als »Verse« oder »Gedichte« bezeichnete. Der Kafka-Forscher Hartmut Binder konstatiert, »dass Kafka in der eruptiven Phase der Pubertät sich auch des lyrischen Ergusses [...] bediente. Erhalten haben sich vier Gedichte«, so Binder, »und der Titel eines fünften ›Stella‹, das einer Freundin gewidmet war.« Kafkas Erzieherin Anna Pouzarová erinnerte sich, dass Franz während eines Aufenthalts im Juli August 1903 in Salesel bei Aussig auch nach Dresden fuhr, aber bald zurückkam. »Er fuhr viel Fahrrad und spielte Tennis mit einem hübschen Mädchen. Nach seiner Rückkehr nach Prag schrieb er ein längeres Gedicht ›Stella‹. So hieß nämlich das Fräulein.« Das Gedicht selbst ist leider nicht erhalten.

Ebenso äußerte der Literaturwissenschaftler Peter-André Alt, es sei »nicht auszuschließen, dass er [Kafka] in seinen Pubertätsjahren häufiger Gedichte verfasst hat. Zumindest entsprach das einem zeittypischen Stilideal, dem auch die Prager Gymnasiasten folgten; zahlreiche seiner musisch interessierten Mitschüler von Rudolf Illový über Paul Kisch bis zu Emil Utitz hatten sich an lyrischen Texten versucht, wobei ihr großes Vorbild zumeist der preziös schreibende Hugo Salus war«, der neben seiner ärztlichen Tätigkeit zahlreiche Gedichtbände und Erzählungen veröffentlichte und zu den bedeutenderen Vertretern der deutschen Prager Literatur seiner Zeit gehörte. Kafka bezeichnete Max Brod gegenüber die gezierte Sprache Hugo Salus allerdings als »Salus'sche Locken«, vor denen man bewundernd, aber ohne innere Anteilnahme stehe.

Seine frühen Werke hielt Kafka, wie er am 6. September 1903 an Oskar Pollak schrieb, für »wertlose Kindersachen«, worunter sich sicher auch einige Gedichte befanden, die er vernichtete. Dennoch blieben einige wenige seiner Verse und Lyrismen in Briefen, Tage- und Gästebüchern erhalten, unter anderem das Gedicht »Kleine Seele springst im Tanze«. Die frühen Gedichte Kafkas bewegen sich nach Ansicht des Literaturprofessors Gerhard Kurz »auf der Grenze zwischen Fin de siècle und Frühexpressionismus.« Sie enthalten Elemente von »Untergang, Trauer, Schwäche … Unsicherheit […] Leere und Verlorenheit sind zentrale Erfahrungsmuster in der frühexpressionistischen Lyrik.« Auch Kafkas erste Gedichte weisen »den frühexpressionistischen Stil der Reihung und die frühexpressionistische Bildlichkeit einer verlorenen und erstarrten Existenz« auf. Ebenso finden sich in seinen lyrischen Fragmenten »Stellen dieser expressionistischen Emanation« wie sie Gottfried Benn in Hölderlins bruchstückartiger Lyrik entdeckt, wenn dort auch in anderer Ausprägung. »Beladung des Worts, weniger Worte, mit einer ungeheuren Ansammlung schöpferischer Spannung, eigentlich ein Ergreifen von Worten aus Spannung und diese gänzlich mystisch ergriffenen Worte leben dann weiter mit einer real unerklärbaren Macht von Suggestion.« Auch bei Kafka lassen sich bemerkenswerte Stücke dieser Art von Ausdrucksdichtung nachweisen, »vorzugsweise metrisch freie, reimlose Verse ohne oder mit lockerer Strophengliederung«, so äußerte sich die Literaturwissenschaftlerin Monika Schmitz-Emans.

Kafkas vernichtete Verse und Gedichte

Den ersten, aus nur zwei Zeilen bestehenden Vers »Es gibt eine Kommen und ein Gehen« schrieb Kafka 1897 im Alter von 14 Jahren in ein Album. Von 1903 ist das aus drei Strophen bestehende bereits erwähnte Gedicht »Kühl und hart« des 20-Jährigen bekannt; dann 1904 aus dem Fragment »Beschreibung eines Kampfes« der einleitende Vers: »Und die Menschen gehen in Kleidern« und der darin enthaltende weitere Vers: »Ich sprang durch die Gassen«. 1907 erwähnt er das Gedicht »Kühl und hart«, das er schon vor Jahren geschrieben habe, also um etwa 1904 / 1905 dazu den Vers an Hedwig Weiler »In der abendlichen Sonne«. Und 1909 schrieb er das Gedicht »Kleine Seele springst im Tanze«, das er liebte.

Bestand Kafkas lyrisches Frühwerk bis etwa 1907 also lediglich aus etwa sieben spärlichen Versen und Gedichten oder waren es möglicherweis mehr? Aber wo sind diese dann geblieben? Kafkas Freund Max Brod zitiert in seiner Kafka-Biografie »die folgenden Zeilen aus einem Brief Kafkas [von etwa 1903], weil sie einige Auskunft über diese ersten, nicht erhaltenen Werke Kafkas geben«. In dem Brief teilte Kafka Brod mit:

> »Unter den paar tausend Zeilen, die ich Dir gebe, könnte ich vielleicht noch zehn duldsam anhören.« Alles übrige sei »Kindergekritzel [...]. Der größte Teil ist mir widerlich, das sage ich offen (zum Beispiel ›Der Morgen‹ und anderes), es ist mir unmöglich, das ganz zu lesen und ich bin zufrieden, wenn Du Stichproben verträgst. Du mußt aber daran denken, daß ich in einer Zeit anfing, in der man ›Werke schuf‹, wenn man Schwulst schrieb; es gibt keine schlimmere Zeit zum Anfang. Und ich war so vertollt in die großen Worte.«

Im Brief vom 6. September 1903 schrieb Kafka seinem Freund Oskar Pollak:

> »Ich werde Dir ein Bündel vorbereiten, in dem wird alles sein, was ich bis jetzt geschrieben habe, aus mir oder aus andern. Es wird nichts fehlen, als die Kindersachen (Du siehst, das Unglück sitzt mir von früh an auf dem Buckel), dann das, was ich nicht mehr habe, dann das, was ich auch für den Zusammenhang für wertlos halte, [...].«

Der 20-jährige Kafka vernichtete also schon um 1903 seine »Kindersachen«, die in den Jahren 1897 bis 1903 entstanden waren, weil er sie für »wertlos« und für »Schwulst« hielt. Seither sind die frühen literarischen Versuche aus etwa sieben Jahren und auch die frühen Tagebücher verschollen. Tat er dies, weil er diese Texte für unausgegorene, verspielte, manierierte Experimente hielt, obwohl sich darin doch sicher erste unverwechselbare Züge des »späteren Kafka« zeigten. Und wie viele Verse und Gedichte waren in den von ihm erwähnten »paar tausend Zeilen« enthalten?

Ein Liebhaber von Gedichten

Sein Interesse an Gedichten demonstrierte Kafka auf vielfache Weise. Er war begeisterter Leser von Gedichten, nahm als Hörer an Gedichtvorträgen teil, rezitierte aber auch selbst immer wieder Lyrik, von der er begeistert war. Außerdem sorgte er gelegentlich für die Verbreitung von Gedichten einiger ihm bekannter Autoren, indem er deren Gedichte Verlegern zur Veröffentlichung empfahl. Zudem scheute er sich nicht, Gedichte zu beurteilen und Kritik daran zu üben. Umso erstaunlicher ist es, dass er selbst weder ein eigenes umfangreiches Lyrik-Œuvre schuf, noch an Verleger mit der Bitte herantrat, Gedichte von sich zu veröffentlichen.

Gleichwohl erkannte Max Brod, wie er in seiner Kafka-Biographie erwähnte, »auch die Lyrischen Elemente« im Werk Kafkas. Er rühmte sogar »die einzigartigen Vorzüge seiner noch kaum erkannten Lyrik [...]. Meine Liebe zu seiner Lyrik«, beteuerte Brod, »habe ich übrigens auch in Form zweier Lieder (in Klavierfassung wie auch für Orchester) nach Versen Kafkas ausgedrückt.«

In den Tagebüchern entdeckte Max Brod von Kafka, wie er es formulierte »die unsagbar schöne lyrische Stelle«, eine von vielen:

»Träume sind angekommen, flußaufwärts sind sie gekommen, auf einer Leiter steigen sie die Quaimauer hinauf. Man bleibt stehen, unterhält sich mit ihnen, sie wissen mancherlei, nur, woher sie kommen wissen sie nicht [...]. Warum hebt ihr die Arme statt uns in sie zu schließen?«

Kafka selbst war beeindruckt von Werken bedeutender Lyriker wie Johann Wolfgang von Goethe, Stefan George, Franz Werfel, Stefan Zweig, Arthur Rimbaud und Paul Verlaine, um nur einige zu nennen. »Unter den zeitgenössischen Wiener Dichtern«, bemerkte Max Brod, »war nur einer, der ihn sehr beschäftigte, den er geradezu liebte: Hofmannsthal. Mit welcher Begeisterung hat er mir einmal das ›Gespräch über Gedichte‹ vorgelesen«, erschienen im Februar 1904, in dem schwärmerische Passagen enthalten sind wie diese:

»Wovon unsere Seele sich nährt, das ist das Gedicht, in welchem, wie im Sommerabendwind, der über die frischgemähten Wiesen streicht, zugleich ein Hauch von Tod und Leben zu uns herschwebt, eine Ahnung des Blühens, ein Schauder des Verwesens, ein Jetzt, ein Hier und zugleich ein Jenseits, ein ungeheueres Jenseits. Jedes vollkommene Gedicht ist Ahnung und Gegenwart, Sehnsucht und Erfüllung zugleich. Ein Elfenleib ist es, durchsichtig wie die Luft, ein schlafloser Bote, den ein Zauberwort ganz erfüllt; den ein geheimnisvoller Auftrag durch die Luft treibt: und im Schweben entsaugt er den Wolken, den Sternen, den Wipfeln, den Lüften den tiefsten Hauch ihres Wesens und der Zauberspruch aus seinem Munde tönt getreu und doch wirr, durchflochten mit den Geheimnissen der Wolken, der Sterne, der Wipfel, der Lüfte.«

Nicht nur diese Stelle begeisterte Kafka.

Über Franz Werfels Lyriksammlung »Der Weltfreund«, die 1911 erschien, notierte Kafka: »Durch Werfels Gedichte hatte ich den ganzen gestrigen Vormittag den Kopf wie von Dampf erfüllt. Einen Augenblick fürchtete ich, die Begeisterung werde mich ohne Aufenthalt bis in den Unsinn mitfortreißen.« Am 29. Juli 1920 schrieb er an seine damalige Freundin Milena über ein nicht näher bezeichnetes Gedicht von Werfel: »Das Gedicht [...] ist wie ein Porträt das jeden ansieht, auch mich sieht es an, und vor allem den Bösen, der es auch gar noch geschrieben hat.« Milena versicherte er auch in lobendem Ton: »[...] die Deutschen sind wunderbar und bleiben es. Kennen Sie von Eichendorff das Gedicht: ›O Täler weit, o Höhen!‹ oder von Justinus Kerner das Gedicht von der Säge? Wenn Sie sie nicht kennen, werde ich sie Ihnen einmal abschreiben.« Das erwähnte Gedicht von Justinus Kerner (1786 – 1862) zählte zu Kafkas Lieblingsgedichten. Es lautet:

»Der Wanderer in der Sägmühle

Dort unten in der Mühle
Saß ich in süßer Ruh',
Und sah dem Räderspiele
Und sah den Wassern zu.

Sah zu der blanken Säge,
Es war mir wie ein Traum,
Die bahnte lange Wege
In einen Tannenbaum.

Die Tanne war wie lebend;
In Trauermelodie,
Durch alle Fasern bebend
Sang diese Worte sie:

Du kehrst zur rechten Stunde,
O Wanderer hier ein,
Du bist's, für den die Wunde
Mir dringt ins Herz hinein!

Du bist's, für den wird werden,
Wenn kurz gewandert du,
Dies Holz im Schoß der Erden
Ein Schrein zur langen Ruh'.

Vier Bretter sah ich fallen,
Mir ward's ums Herze schwer,
Ein Wörtlein wollt' ich lallen,
Da ging das Rad nicht mehr.«

Ein weiteres volkstümliches Gedicht, das Lied »In der Ferne« von Albert Graf von Schlippenbach, schätzte Kafka ebenfalls. Am 22. Juli 1912 schrieb er darüber an Max Brod: »Kennst du, Max, das Lied ›Nun leb wohl [...]‹? Wir haben es heute früh gesungen und ich habe es abgeschrieben. Die Abschrift heb mir ganz besonders gut auf! Das ist eine Reinheit und wie einfach es ist; jede Strophe besteht aus einem Ausruf und einem Kopfneigen.«

»Nun leb wohl, du kleine Gasse,
nun ade, du stilles Dach!
Vater, Mutter, sah'n mir traurig
und die Liebste sah mir nach.

Hier in weiter, weiter Ferne,
wie's mich nach der Heimat zieht!
Lustig singen die Gesellen,
doch es ist ein falsches Lied.

Andre Städtchen kommen freilich,
andere Mädchen zu Gesicht!
Ach, wohl sind es andere Mädchen,
doch die eine ist es nicht.

Andre Städtchen, andere Mädchen,
ich da mitten drin so stumm!
Andre Mädchen, andere Städtchen,
o wie gerne kehrt ich um.«

Seiner Freundin Felice Bauer versicherte Kafka, dass er sich in dieses Lied »verliebt« habe, dass »die Trauer des Gedichtes wahrhaftig ist und dass er es nicht entbehren kann.«

»Als ich ihm [Kafka] an seinem Krankenbett einmal Gedichte von Matthias Claudius rezitierte«, erinnerte sich der bekannte Rezitator Ludwig Hardt, »sagte Kafka: ›Ja, wenn man so sein könnte wie er!‹ Und wirklich: Franz Kafka hatte viel von diesem frommen Dichter‹, von dessen ›Schlichtheit, Aufrichtigkeit, Herzensanteilnahme, Naivität, ja Primitivität […] Eigenschaften, die einer solchen Frömmigkeit recht nahe kommen und ihr beinahe entsprechen‹, so Hardt.« Der Dichter des berühmten Abendliedes »Der Mond ist aufgegangen«, schrieb stets mit einer scheinbar kindlichen Naivität und appellierte mit seinen Gedichten an Herz und Gefühl in einer Zeit, in der vor allem Kopf und Vernunft zählten. Obwohl Claudius einer der einflussreichsten und meistgelesenen Autoren des 18. Jahrhunderts war, galt er vielen als wenig lebenstüchtig, was auch Kafka nachgesagt wurde.

Trotz all seiner Liebe zur Lyrik scheute sich Kafka nicht, Gedichte kritisch zu beurteilen. Wie Gustav Janouch berichtet, äußerte Kafka über Johannes R. Becher. »Ich verstehe diese Gedichte nicht. Es herrscht hier so ein Lärm und Wortgewimmel, daß man von sich selbst nicht loskommen kann. Die Worte werden nicht zur Brücke, sondern zur hohen, unübersteigbaren Mauer. Man stößt sich fortwährend an der Form, so daß man überhaupt nicht zum Inhalt vordringen kann. Die Worte verdichten sich hier nicht zur Sprache. Es ist ein Schreien.« Dachte Kafka dabei vielleicht an Bechers Gedicht »Verfall« aus dem 1914 erschienen Gedichtband »Verfall und Triumph«, in dem die Zeilen vorkommen: »Schimmel. Geächz. Gestöhn./Unter wimmelnder Himmel Flucht/Furchtbarer Laut ertönt:/ Pauke. Tubegedröhn./Donner. Wildflammiges Licht./Zimbel. Schlagender Ton./ Trommelgeschrill. Das zerbricht. —«

Selbst angesehene Lyriker lehnte Kafka ab, vor allem wenn diese affektiert und überheblich auftraten, so wie etwa die aus Berlin stammende Dichterin Else Lasker-Schüler. 1913, nach einem Abend im literarischen Salon von Berta Fanta in Prag, an dem Else Lasker-Schüler Ehrengast war, so berichtet der Journalist Leopold B. Kreitner in seinen »Erinnerungen an den jungen Kafka«, sank die Dichterin beim Anblick des in überirdisches Mondlicht getauchten Altstädter Rings »auf ihre Knie nieder und begann eine improvisierte Ode zu rezitieren. Ein Polizist griff ein und fragte sie, wer sie sei. Stolz erwiderte sie: ›Ich bin der Prinz von Theben‹, worauf Kafka korrigierte: ›Sie ist nicht der Prinz von Theben, sondern eine Kuh vom Kurfürstendamm.‹« Als Kafkas Verlobte Felice ihm gegenüber Else Lasker-Schüler erwähnte, entgegnete er: »Ich kann ihre Gedichte nicht leiden, ich fühle bei ihnen nichts als Langeweile über ihre Leere und Widerwillen wegen des künstlichen Aufwandes. Auch ihre Prosa ist mir lästig aus den gleichen Gründen, es arbeitet darin das wahllos zuckende Gehirn einer sich überspannenden Groß-städterin, […]. Ja, es geht ihr schlecht […] ich weiß den eigentlichen Grund nicht, aber ich stelle sie mir immer nur als eine Säuferin vor, die sich in der Nacht durch die Kaffeehäuser schleppt. […] Weg, Du Lasker-Schüler!«

Über Arthur Schnitzler äußerte Kafka zu Felice Bauer in einem Brief vom 14./15. November 1913 die Befürchtung, dass »wir beide« bei einem gemeinsamen Besuch von Schnitzlers Drama »Professor Berhardi« »in die schlechte Literatur ver-fallen, die Schnitzler zum größten Teil für mich darstellt. […]. Denn ich liebe den Schnitzler gar nicht und achte ihn kaum; gewiß kann er manches, aber seine großen Stücke und seine große Prosa sind für mich angefüllt mit einer geradezu schwankenden Masse widerlichster Schreiberei. Man kann ihn gar nicht tief genug hinunterstoßen. Die Stücke, die ich von ihm gesehen habe (Zwischenspiel, Ruf des Lebens, Medardus) sind mir noch vor dem zuschauenden Blick vergangen, und während ich zuhörte, habe ich sie vergessen.«

Trotz derartiger von Kafka nur selten angeschlagener heftiger Töne, liebte er Ge-dichte und legte Freunden die tägliche Lektüre von Gedichten ans Herz. »Von ihm [Kafka] habe ich zum Beispiel gelernt«, so erinnerte sich der Schriftsteller Georg Langer, »daß der Mensch jeden Tag ein Gedicht lesen muß. Eines und nicht zwei, so hat er es mir immer wieder geboten, und die Worte des Weisen sind ihm lieblich. Mehr könne kein Kopf aushalten. Als meine ersten Gedichte in Elieser Steinmanns Zeitschrift ›Kolot‹ erschienen, sagte Kafka mir, sie hätten eine gewisse Ähnlichkeit mit der chinesischen Lyrik.«

Faszination für »Chinesische Lyrik«

»Einen besonders wesentlichen Eindruck«, betonte Max Brod, »hatte ferner auf Kafka der Band ›Chinesische Lyrik‹ (in deutscher Übersetzung von Hans Heil-mann)«, den er erwarb, als er im März 1905 erschien. »Kafka hat das Buch sehr geliebt, zeitweilig allen anderen vorgezogen und mir oft mit Begeisterung daraus vorgelesen«, so Brod, »Kafkas Freude an dem Buch begann schon bei der trefflichen Einleitung, aus der er mir gerne die völlig wörtliche, noch ›unbehauene‹ Überset-zung eines chinesischen Gedichtes zum besten gab:

›Der Mond schön, schön, allein man sitzt,
Zwei Fichten stehn an dem vorderen Vordach,
Aus Südwest schwacher Wind kommt‹- und so fort.

Dann aus dem Text selbst das uralte Lied eines ›Unbekannten Dichters‹: ›Er rüstet sich zum Kampfe.‹ Es beginnt:

›Steh auf, Weib, hefte die lange Nadel in die rote Seide deiner Stickerei und bringe mir meine Waffen her.‹ [...]

Den Schluss aber stellte Kafka mimisch dar, mit unvergleichlich theatralischer Naivität:

›Nun aber zittre und flieh – denn das ist das furchtbare Antlitz, mit dem ich dem Feind begegne!‹«

Kafka war, wie auch der Literaturwissenschaftler Gerhard Kurz formuliert, »von der Lakonie und dem Imagismus chinesischer Lyrik fasziniert«.

»Lieblingsgedichte Kafkas waren«, schreibt Max Brod, »Li-Tai-Pe: ›Der Mann der Tat‹, dann Sao-Han: ›Die drei Frauen des Mandarins‹, Su-Tong-Po: ›Der Kormoran: ›Und in der Nacht, wenn der Mond auf den Wellen erglänzt, sinnt der Kormoran, auf einem Fuß im Wasser stehend. – So verfolgt der Mensch, der eine große Liebe im Herzen hat, immer das Auf- und Abwogen eines und desselben Gedankens‹.«

Ganz besonders schätzte er aber »ein Gedicht von Yan-Tsen-Tsai: ›In tiefer Nacht‹«. Dieses Gedicht erwähnte Kafka auch selbst in einem Brief vom 24. November 1912, in dem er Felice Bauer bat, sie möge an ihn keine Briefe mehr in Nachtarbeit schreiben. Sie solle besser schlafen und sich von dem anstrengenden Tagesgeschäft erholen. Die Nachtarbeit empfinde er als seine Domäne. Und »zum Beweis dessen«, so Kafka, »dass die Nachtarbeit überall, auch in China den Männern gehört, werde ich aus dem Bücherkasten (er ist im Nebenzimmer) ein Buch holen und ein kleines chinesisches Gedicht für Dich abschreiben. Also hier ist es [...]: Es stammt von dem Dichter Yan-Tsen-Tsai (1716–97), über den ich die Anmerkung finde: ›Sehr talentvoll und frühreif, machte eine glänzende Karriere im Staatsdienst. Er war ungemein vielseitig als Mensch und Künstler‹.« Vielleicht sah Kafka in dieser Anmerkung Parallelen zu seiner eigenen Biografie. »Außerdem«, so Kafka weiter im Brief, »ist zum Verständnis des Gedichtes die Bemerkung nötig, dass die wohlhabenden Chinesen vor dem Schlafengehen ihr Lager mit aromatischen Essenzen parfümieren. Im übrigen ist das Gedicht vielleicht ganz wenig unpassend, aber es ersetzt den Anstand reichlich durch Schönheit. Hier ist es also endlich:

In tiefer Nacht

In der kalten Nacht habe ich über meinem Buch
die Stunde des Zubettgehens vergessen.
Die Parfüms meiner goldgestickten Bettdecke
sind schon verflogen, der Kamin brennt nicht mehr.
Meine schöne Freundin, die mit Mühe bis dahin
ihren Zorn beherrschte, reißt mir die Lampe weg.
Und fragt mich: Weißt du, wie spät es ist?«

»Nun?«, so fragte Kafka Felice und gab sich gleich selbst die Antwort: »Das ist ein Gedicht, das man auskosten muß.« Die Schlusszeilen dieses Gedichtes, so teilte Max Brod mit »pflegte Kafka gleichfalls dramatisch, humoristisch, mit einem eigentümlich gurrenden Lachen vorzulesen.«

Es sind in dem kleinen Büchlein«, so Brod weiter, »noch viele Zeilen und Zeilengruppen, für die Kafka eine besondere Vorliebe zeigte, und diese Vorliebe, an den richtigen Beispielen dargetan, offenbart mehr über Kafkas Eigenart als langatmige Diatriben über ihn als Dichterpersönlichkeit. Mit welcher Ergriffenheit sagte er das zarte Gedicht von der ›treuen Gattin‹ auf, den Tränen nahe. Man fürchtete, er werde den noblen Schluß (›Warum habe ich Euch nicht gekannt, da ich noch frei war!‹) nicht mit ungebrochener Stimme erreichen. Unvergleichlich innig, mit einem ganz eigenem Pathos, trug Kafka das Gedicht von Thu-Fu ›An Li-Tai-Pe‹ vor: ›Man nennt dich Ti-Sie-Jen – Unerschöpflicher Tropfenfall – und du bist den Himmlischen gleich‹; namentlich die Schlußzeilen, in denen der Dichter bei seiner Pinselarbeit geschildert und zuletzt gesagt wird:

›Und wenn das Lied vollendet ist, hört man um dich herum das bewundernde Murmeln unsterblicher Geister.‹

Diese Zeile, von Kafka gesprochen, klingt mir noch heute im Ohr; man sah, wenn er sie mit tiefer Stimme, langsam, feierlich, leicht die Hand hebend, dabei ganz heiter aussprach, die Genien rings um den Dichter sitzen und ihn anstaunen.«

Kafka selbst hielt von seiner Vortragskunst gleichwohl erheblich weniger, wie er im Brief vom 18. Oktober 1916 an seine Braut Felice gestand: »Bin zwar kein sehr guter, viel eher ein sehr schlechter Gedichtvorleser, werde es aber [gemeint ist der Vortrag einiger Gedichte von Max Brod] wenn sich kein besserer findet, doch gern übernehmen.«

»Um meine ›chinesischen‹ Erinnerungen an Kafka zu beschließen«, so Max Brod, »erwähne ich noch, dass er zuzeiten Thu-Fu über alle anderen Dichter setzte, wohl um des Einschlags von sozialem Mitleid und um seiner Kriegsfeindschaft willen; und dass ich nicht fehlzugehen glaube, in den folgenden zwei Versen von Thu-Fu eine Keimzelle zur ›Kaiserlichen Botschaft‹[Kafkas] zu finden:

›Die Gebirge der Nordgrenze hallen wider von Trommeln und Becken.
Im Westen sind alle Straßen voller Reiter und Kriegswagen,
selbst die kaiserlichen Eilboten finden den Weg versperrt.‹

Natürlich klingt bei diesen Zeilen auch noch eine ganze Reihe anderer chinesischer Szenen Kafkas auf.«

Kafka liebte Gedichte nicht nur, er lebte sie, genoss den Rhythmus, kostete jedes Wort, die Sprache, den Inhalt aus, begleitete den Vortrag von Gedichten mimisch und mit Gesten, passte die Stimme den Aussagen an und war mitunter derart ergriffen, dass er den Tränen nahe war.

Ein Mentor für Lyriker

Lyriker aus Kafkas Umkreis schätzten sein Urteil und manche legten ihm deshalb auch zur Beurteilung ihre Gedichte vor, worüber Kafka sich offen äußerte. Er lobte sie, scheute sich aber auch nicht, sie zu kritisieren und teilte seine Ansichten den Verfassern auch mit. So half er Anfang Juli 1910 seinem Freund Max Brod bei der Durchsicht und Auswahl von dessen Gedichten für die geplante Anthologie »Tagebuch in Versen« und griff sogar in die Auswahl der Texte ein. »Kafka, der gute Freund«, so gestand Brod, »rettet mein Gedichtbuch, indem er etwa 60 mindere Gedichte hinauswirft.« In einem Brief vom 10. Juli 1912, äußerte sich Kafka zu einem Gedicht von Max Brod: »Mein liebster Max, weil mir Dein Brief vor Freude in den Händen brennt, antworte ich gleich. Dein Gedicht wird der Schmuck meiner Hütte bleiben, und wenn ich in der Nacht aufwache, was oft vorkommt, […] so werde ich es bei der Kerze lesen. Vielleicht bringe ich es einmal dazu, es auswendig hersagen zu können, dann werde ich mich, und sei es auch nur im Gefühl […] damit erheben. Es ist rein (nur mit den ›schweren Trauben‹ kommt in die zwei Zeilen ein nicht ganz sicherer Überfluß, da solltest Du noch mit der Hand hineingreifen), aber außerdem und vorher noch hast Du es für mich bestimmt, nicht wahr, schenkst es mir vielleicht, lässt es gar nicht drucken, denn, weißt Du, noch die erträumteste Vereinigung ist für mich das Wichtigste auf dieser Welt.«

Als ein Kollege in der Unfallversicherungsanstalt, Alois Gütling, Kafka selbst verfasste Gedichte zeigte, riet ihm der, »die Gedichte drucken zu lassen, und er vermittelte mir selbst einen Verleger. So erschien [1916] mein erster Gedichtband ›Der Liebeskranz‹ im Verlag Graphia. […] Mir war er«, wie Gütling weiter berichtet, »in meiner dichterischen Arbeit ein wertvoller Kritiker, sein Urteil war freimütig und unbestechlich. Er war es auch, der mich zur Drucklegung zweier Gedichtbändchen ›Im Bad Bielohrad‹ und ›Nächte‹ überredete, die dann auch im Leipziger Xenien-Verlag erschienen.«

Der Lyriker Rudolf Fuchs berichtet von einer Begegnung mit Kafka in der Herrengasse in Prag. »Tags vorher«, so Fuchs, »war ein Gedicht von mir im ›Tagblatt‹ erschienen. Es hieß ›Villa Milde Ruh‹. Er [Kafka] lobte es. Mir selbst wollte es nicht mehr ganz so gefallen. Es war älteren Datums. Ich wagte einen Zweifel an der Aufrichtigkeit seines Lobes auszusprechen. Da zitierte Kafka das Gedicht auswendig«, obwohl es sich nicht nur um ein paar Zeilen handelte.

»Villa ›Milde Ruh‹

Ich hätte draußen eine Villa gerne,
von einem schweren Garten tief umwittert,
mit Wasserspiel und grünem Tanz der Schatten,
wo zwischen Gitterstäben hin und her
der Sonntagsreiter schlank vorüberwallt.
Verhängt euch, Augen, eine kleine Zeit,
daß ich des Tages stillen Wandel höre:
Das Rauschen wirft mir Kühle ins Gesicht,
die Amsel predigt einer weißen Venus,
die Knaben raufen um die Hängematte,
und durch die Seitenpforte, stiller Wege,
kommt meiner Nachbarn hochwillkommne Schar,
die ich mit hellem Aug und breiter Hand begrüße.
Gleich dürfte meine Frau (nehmt Platz) erscheinen;
sie sammelt holde Blumen auf den Abend.
Als wär sie selbst nicht tausendschön genug!
Wir haben nämlich einen lieben Gast:
der Maler aus der Residenz, mein Neffe,
von dem ich euch erzählte, daß er sich
viel Ehren schuf mit seiner kühnen Kunst,
wovon ich leider Gottes nichts verstehe,
ihn fährt mein Töchterlein jetzt durch die Forste.
Es wird ein schöner Abend heut. Bleibt hier,
o bleibt bei uns! Wir schwärmen später aus
bei einem der unendlichen Gespräche,
die an den Himmel rainen.«

Als Kafka am 18. August 1916 die Übersetzung tschechischer Gedichte von Rudolf Fuchs erhielt, schickte er sie nach Überprüfung an Otto Pick zur Veröffentlichung für die Anthologie »Jüngste tschechische Lyrik«. Am 9. September 1915 brachte der junge Lyriker Ernst Feigl einige seiner Gedichte ins Büro zu Kafka. »Sie verlocken mich sehr und beherrschen mich zum Teil geradezu«, teilte er am 18. September Feigl mit. »Sonderbar die Mischung von Hoffnung und Verzweiflung in ihnen und die Undurchdringlichkeit dieser Mischung, die aber etwas durchaus Stärkendes hat. Ich möchte fast in jedem Gedichte Sie hören wollen.« Am 30. September sandte er Feigls Gedichte an den Verlag Kurt Wolff mit der Empfehlung, sie zu veröffentlichen, da er sie »für eine wesentliche Bereicherung etwa des Jüngsten Tages halten« würde, »in den sie einen neuen halbdunklen in vielem wahrhaftig zeitgemäßen Ton brächten. Auch scheint mir Feigl noch starke, bei weitem noch nicht gehörte Möglichkeiten in sich zu haben.« Doch zu einer Veröffentlichung kam es nicht. Im Sommer 1917 sandte Kafka Gedichte von Fuchs und Feigl an den Religionsphilosophen Martin Buber mit dem Vorschlag, sie in der Monatszeitschrift »Der Jude« zu publizieren.

Dem Dichter Gottfried Kölwel schrieb Kafka am 3. Januar 1916: »Ihre Gedichte trommelten mir zeilenweise förmlich gegen die Stirn. So rein, so sündenrein in allem waren sie, aus reinstem Atem kamen sie; ich hätte alles, was ich in München angestellt hatte, an ihnen reinigen wollen.« Damit meinte Kafka nicht nur die missglückte Vorlesung seiner Erzählung »In der Strafkolonie« in der Münchner Galerie Goltz, sondern auch seine Auseinandersetzung mit seiner Freundin Felice. Am 31. Januar 1916 dann ein weiterer Brief an Kölwel, in dem er sich für die Zusendung von Gedichten bedankte: »Es sind trostreiche Gedichte, Trostgesänge alle; Sie halten sich förmlich nur mit einer Hand im Dunkel, vielleicht um nicht ganz losgebrochen zu werden aus der Erde, alles andere ist Helligkeit, gute und wahrhaftige.« In Kölwels »Trostgesang« stört ihn allerdings »manchmal eine kühle Gefühlswendung«, die »auf dem Trapez und nicht im Herzen vollführt« werde. Hingegen lobt er den »Herbstgesang«, »der in seiner Gänze schwebt und darum auch tragen kann.« Am 21. Februar 1917 bedankte er sich für weitere neue Gedichte Kölwels: »Viel neue Welt öffnet sich gegenüber den frühern. Wie groß ihr Reich ist!« 1918 sandte ihm Kölwel ein Widmungsexemplar seines eben erschienenen Bandes »Erhebung. Neue Gedichte«.

In seinem Buch »Gespräche mit Kafka« erwähnt der Schriftsteller Gustav Janouch, dass der von ihm hochverehrte Kollege insbesondere »den Lärm und das Wortgewimmel« in manchen Gedichten als störend empfand. »Der Lärm stört den Ausdruck«, so Kafka. Stattdessen schätzte er Gedichte »so rührend einfach, so glücklich und stark« wie etwa jene des französischen Dichters Francis Jammes (1868–1938), der einsam und zurückgezogen in den pyrenäischen Bergen lebte. Seine bekannteste Sammlung »De L'angélus de l'aube à l'angélus du soir« – »Vom Morgenangelus bis zum Abendangelus« erschien 1897 und »Le Deuil des Primevères« – »Die Trauer der Primeln« 1901. Auch in deutscher Übertragung von dessen Gedichten ist noch erkennbar, was Kafka meinte. So etwa in Jammes »Gebet, seinen Schmerz zu lieben«, in dem es heißt:

»Ich habe nichts als meinen Schmerz und will nur ihn allein.
Er war mir treu, er wird es fürder sein. […]
O du mein Schmerz, der du getreuer mir als die Geliebte bist,
Ich weiß, am Tag, wo Todesgrauen um mich ist,
Bist du noch da, o Schmerz, an meine Kissen dich zu hängen
Und einmal noch dich mir ins Herz zu drängen.«

Einfluss chinesischer Kultur auf Kafkas lyrisches Schaffen

Auch für chinesische Kultur hatte Franz Kafka ein anhaltendes und tiefes Interesse. Seine Nähe zu China zeigte sich in seinem Denken und Schreiben. Am 29. März 1917 schenkte er seiner Schwester Ottla den Band »Chinesische Volksmärchen« von Richard Wilhelm mit handschriftlicher Widmung.

In China galt Dichtung, gemeint sind damit speziell Gedichte, seit jeher als Königsdisziplin der Literatur. Die Fähigkeit zum dichterischen Ausdruck war unabdingbare Voraussetzung für Amt und gesellschaftlichen Aufstieg. Wer sich nicht mit Dichtung beschäftigte, verfügte laut Konfuzius über keine Sprache. Erst das Gedicht verleiht dem Menschen eine Stimme. Chinesische Gedichte erwecken durch Ver-dicht-ung Gedanken und Urbilder, die weiter wirken. Durch Reduzierung bekommt die künstlerische Freiheit Flügel, durch Loslassen gelingt es, den Kern chinesischer Verse einzufangen.

Der argentinische Schriftsteller und Kafka-Kenner Jorge Luis Borges bezeichnet in einem Essay den chinesischen Schriftsteller Han Yu als einen Vorläufer Kafkas. Und Elias Canetti war der Ansicht: »Doch der einzige, seinem Wesen nach chinesische Dichter, den der Westen aufzuweisen hat, ist Kafka«, da er nicht nur motivisch auf chinesische Literatur zurückgriff. Kafka bezeichnete sich im Mai 1916 auf einer Postkarte an seine Geliebte Felice Bauer selbst als einen Chinesen: »Ich denke, wenn ich ein Chinese wäre und gleich nach Hause fahren würde (im Grunde bin ich ja Chinese und fahre nachhause), müßte ich es doch bald erzwingen, wieder herzukommen.« Ein »China-Komplex« in Kafkas Werk ist nicht nur in seinem Text »Beim Bau der Chinesischen Mauer« feststellbar mit den darin enthaltenen Fragmenten »Eine kaiserliche Botschaft« oder »Ein altes Blatt«.

Erheblich mehr als von expressionistischen Strömungen scheint Kafkas lyrisches Schaffen – Max Brod bestätigt dies, wie erwähnt, ausdrücklich – von chinesischer Lyrik beeinflusst zu sein, wenngleich ihm lediglich Übertragungen ins Deutsche zur Verfügung standen. Die Rätselhaftigkeit des fernen Ostens, die sich vor allem in Sprache und Schrift zeigt, faszinierte ihn besonders. »Der Sprachgeist der Chinesen«, so der bekannte Sinologe Wilhelm Gundert, »kennt nicht unser peinliches Bedürfnis nach Exaktheit, das je nach Fall und Zahl, nach Zeit und Modus und Person die Wörter biegt und wandelt. Er schuf sich lauter Worte, die nur eine Silbe bilden und keinerlei Abwandlung dulden, ein jedes rund, fest, spröd wie eine Glaskugel, und fügt sie nach bestimmten Ordnungsregeln aneinander.« Die chinesische Dichtung ist die Kunst, »uns mit ganz wenig Worten eine Welt erfühlen zu lassen.

Diese Lyrik erfordert darum ein besonderes Maß von Einfühlung, ein Ahnungs-
vermögen, dem wir Europäer gerade durch die Genauigkeit unserer Ausdrucksweise entwöhnt sind.« Kafkas lyrische Versuche und Fragmente weisen in Vielem
erstaunliche Anklänge an manche kurze chinesische Gedichte auf, wie etwa die
beiden folgenden Beispiele im Vergleich mit je einem lyrischen Fragment Kafkas
bestätigen.

Nachtgedanken
Von Li Tai-Pe

»Vor meinem Bett das Mondlicht ist so weiß,
Daß ich vermeinte, es sei Reif gefallen.
Das Haupt erhoben schau ich auf zum Monde,
Das Haupt geneigt denk ich des Heimatdorfes.«

***

Und von Franz Kafka:

»Es blendete uns die Mondnacht.
Vögel schrien
von Baum zu Baum.
In den Feldern sauste es.

Wir krochen durch den Staub,
ein Schlangenpaar.«

***

Im Gewitter
Von Fü Hüsan

»Der Donner rollte
Und es erbebte ihr Herz.
Sie neigte ihr Ohr
Und lauschte hinaus –
Doch es war nicht
Das Rollen des Wagens.«

***

Und von Franz Kafka:

»Aufgehoben die Reste.
Die glücklich gelösten Glieder
unter dem Balkon im Mondschein.
Im Hintergrund ein wenig Laubwerk,
schwärzlich wie Haare.«

Angesichts der Textstellen, die sich in Kafkas Werk als lyrische Versuche bezeichnen lassen, stellen sich nun einige grundlegende Fragen.

Sind Kafkas Lyrik-Fragmente schon Lyrik?

Bereits Hölderlin (1770–1843) erklärte Bruchstücke seiner nicht vollendeten Hymnen als fertige Kurzgedichte und erhob damit das Fragment in den Rang eines vollendeten Werkes. Einer der letzten Verse von T. S. Eliots (1888–1965) Dichtung »The Waste Land«, die sich aus unterschiedlichen Teilstücken zusammensetzt, lautet: »These fragments I have shored against my ruins.« Damit bezeichnet er das Fragment als letzte Möglichkeit das endgültige Verstummen und damit den Untergang als Dichter hinauszuzögern. Damit wäre das lyrische Fragment das letzte Bollwerk gegen Zerfall von Welt und von Bewusstsein. Etwa ein Jahrhundert später erklärte der Schriftsteller Eugen Gottlob Winkler (1912–1936): »Das Gedicht ist seinem Wesen nach fragmentarisch. Es kann sich in seinen einzelnen Teilen, im einzelnen Vers von einer Vollendung erweisen, die einen Zusammenhang des Ganzen eher zerstört als fördert.« Und Bert Brecht notierte mitten im Krieg: »schönheit etabliert sich auf wracks, die fetzen werden delikat«, womit er auf eine Entsprechung des Bruchstückhaften einer zerfallenden Welt im literarischen Ausdruck hinwies. Besonders nach 1945, nach dem Ende von Krieg und Holocaust, misstraute man Ganzheitsästhetiken. Nun manifestierte sich vorrangig im Gedicht bei vielen Autoren das Fragment, so etwa auch bei Botho Strauß, der äußerte: »Der Zerstörung angeschmiegt, den hohlen Ruinen, liegt das zeitlose Werk. Von tieferer Dauer als jedes Ganze sind seine Reste.« Franz Kafka zählt neben Hölderlin zweifellos zu den bedeutendsten Vorläufern fragmentarischer Lyrik, ahnte er doch gleichsam die kommende Zerstörung von Welt und Weltordnung.

Viele bezweifeln jedoch, dass man lyrisch anmutende bruchstückhafte Fragmente aus Kafkas Werk herauslösen und derartige Zeilen und Zeilengruppen dem Bereich des Lyrischen zuordnen darf, da sich der Autor selbst doch nicht als Lyriker bezeichnete, auch wenn er sich als solcher verstand? Jedenfalls finden sich in seinen Tagebüchern und Briefen keine nennenswerten Äußerungen in dieser Richtung.

Die Berechtigung, Gedichte – oft nur bruchstückhaft erhalten – und lyrische Fragmente im Werk Kafkas zu beachten, ergibt sich zum einen aus der Tatsache, dass Kafka als »Meister des Fragments« bezeichnet werden darf, im Sinne des Wortes ›Bruch-Stück‹ verstanden als Zerbrochenes, Herausgebrochenes, in sich Gebrochenes, als unfertige, aber doch auch in sich geschlossene Teile und Stücke. Nicht nur viele seiner Geschichten lassen den Charakter des Fragmentarischen erkennen, auch die posthum von Max Brod veröffentlichten Romane »Der Prozeß«, »Das Schloß« und »Amerika« (später »Der Verschollene«) wurden vom Autor selbst als unvollendete und deshalb nicht bewahrenswerte Werke verstanden.

Noch mehr enthalten die Tagebücher alle Varianten des Fragmentarischen, die von Notationen weniger Worte und bruchstückhafter Sätze bis zu unvollendeten Gedankensplittern und Prosaskizzen reichen. Selbst bezüglich seiner Aphorismen, die in vielem fragmentarischen Charakter aufweisen, kann man durchaus von »lyrischen Aphorismen« oder »aphoristischer Lyrik« sprechen. Nach Ansicht des Kafka-Herausgebers Heinz Politzer ist das Fragment »die einzige Form«, in der »sich Kafkas Stil vollendet«.

Nicht zuletzt weist auch Kafkas Leben in allen Phasen fragmentarische Züge auf, die sich etwa in der Zerrissenheit zwischen beruflicher Verpflichtung und literarischer Neigung, ja Besessenheit, offenbaren oder in den differenzierten Brüchen bezüglich seiner Beziehungen zu den Eltern und Partnerinnen. »Aus den Trümmern seines inneren und äußeren Daseins«, so Michael Braun in seiner Kafka-Studie, »baute der Dichter sein Werk auf, ein Werk, das im endlosen Zugriff auf eine immer nur in Teilen herzustellende Ganzheit zerbrach, ja zerbrechen musste.« Dass dies Kafka selbst so empfand, bestätigt der in der Schweiz geborene französische Schriftsteller Fred Bérence, wie dieser in seinen Aufzeichnungen »Zwei Abende mit Franz Kafka« berichtet. Er hörte um 1921 Kafka sagen: »Alles Leben ist nur Fragment.« Zweifellos beurteilte Kafka auch seine schriftstellerischen Werke so, die er deshalb auch nicht für erhaltenswert erachtete.

Und in einer anderen von Kafkas Notizen finden sich die Worte: »Alles, was ich berühre, zerfällt.« »Kafka lag viel an der Unsterblichkeit dessen, was klein ist und klein bleibt«, urteilte Michael Braun. »Fragmente und Relikte behandelte er wie kostbares Strandgut, gemäß der Maxime: ›Aufgehoben die Reste …‹« Und in einem Brief von Mitte Juli 1916 an Max Brod gestand Kafka: »Man sieht aber nur die allerkleinsten Kleinigkeiten […]. Mehr als Kleinigkeiten kann man mit bloßem Auge dort, wo Wahrheit ist, nicht sehen.« In »Hochzeitsvorbereitungen auf dem Lande« bestätigte er diese Ansicht einmal mehr, wenn er schreibt: »Das Schreiben versagt sich mir […]. Nicht Biographie, sondern Untersuchung und Auffindung möglichst kleiner Bestandteile. Daraus will ich mich dann aufbauen, so wie einer, dessen Haus unsicher ist, daneben ein sicheres aufbauen will, womöglich aus dem Material des alten. Schlimm ist es allerdings, wenn mitten im Bau seine Kraft aufhört und er jetzt statt eines zwar unsichern aber doch vollständigen Hauses, ein halbzerstörtes und halbfertiges hat, also nichts.«

Noch auf dem Sterbebett unterstreicht eine Begebenheit diese Einstellung des Dichters. Am Tag bevor er stirbt, bittet Kafka seine Eltern, die ihn besuchen wollen, in einem Brief, von diesem Vorhaben abzusehen. Wegen seines jämmerlichen

Zustandes fürchtet er den Besuch. Auch dieser letzte Brief bleibt unvollendet, weil ihm plötzlich die Kräfte versagen. Da er noch etwas Wichtiges hinzufügen möchte, nimmt ihm seine Partnerin Dora Diamant die Feder aus der Hand, um für ihn weiter zu schreiben: »Nur noch ein paar Zeilen«, notiert sie, »die seinen Bitten nach sehr wichtig zu sein scheinen:« Doch auf diesen Doppelpunkt folgt nichts mehr. So entsteht einen Tag vor seinem Tod ein letztes Mal ein für Kafka charakteristisches Dokument, diesmal sogar ein zweifach bruchstückhafter Text.

Angesichts dieser Aspekte und Kafkas Überzeugung »Alles Leben ist nur Fragment«, kommt auch seiner fragmentarischen Lyrik besondere Bedeutung zu. So wie alle von ihm erhaltenden Fragmente gleichsam »vollendete Fragmente« darstellen, darf dies auch in Bezug auf die lyrischen Textstellen in Anspruch genommen werden. Stets strebte er danach, jedes »Wort ganz mit sich erfüllt zu haben.« Auch für seine lyrischen Bruchstücke gilt das, was Friedrich Schlegel äußerte: »Ein Fragment muß gleich einem kleinen Kunstwerke von der umgebenden Welt ganz abgesondert und in sich selbst vollendet sein wie ein Igel.«

Nannte Kafka Texte von sich »Gedichte«?

Die Aussage, dass ihm ein »Vers« oder »Verse« eingefallen sei oder er ein »Gedicht geschrieben habe« kommt selten vor. Dürfen deshalb lyrische Notate aus seiner Feder auch dann der Lyrik zugerechnet werden, wenn diese von ihm nicht als solche aufgefasst wurden. Man könnte es womöglich gleichsam der »künstlerischen Bescheidenheit« Kafkas zuschreiben, dass er alle lyrischen Elemente in seinem Werk nicht expressis verbis mit Lyrik in Verbindung brachte. Unwahrscheinlich ist, dass ihm während des Schreibens die Nähe zur Lyrik nicht auffiel. Eher liegt die Vermutung nahe, dass ihm die Trennung von Prosa und Lyrik in seinem Werk nicht von Bedeutung schien. Es ist auch nicht auszuschließen, dass die Verbindung und Durchdringung von Prosa und Lyrik von ihm vielleicht sogar willentlich herbeigeführt wurde. Es ist daher keinesfalls abwegig, angesichts vieler Prosatexte Kafkas geradezu von »lyrischer Prosa« zu sprechen.

In dem Lyrikband »Westwärts 1 & 2. Gedichte.« (1975) des bei einem tragischen Verkehrsunfall in London ums Leben gekommenen Dichters Rolf Dieter Brinkmann (1940–1975) sind Prosagedichte ohne Rücksicht auf herrschende literarische Konventionen enthalten. Die ersten Zeilen eines 15-zeiligen Prosagedichts im Fließtext lauten: »Die Landschaft schwenkt. Die eigenen Geräusche brauchst du auch. Wenn du schreist, ist das eine Selbststimulation. Ruf ein paar dreckige Wörter aus

deinem Körper hervor, schau nach, wohin sie gehen [...].« Solche Prosagedicht-
zeilen von enormer Vitalität und Bildkraft machten Brinkmann berühmt.

Wie sehr schon Kafka Prosaarbeiten von sich als »gedichtmäßig« erachtete, geht aus
seinem Schreiben vom 14. August 1916 an den Verlag Kurt Wolff hervor. Seine Erzählung »Das ›Urteil‹, an dem mir eben besonders gelegen ist«, schreibt er, »ist zwar
sehr klein, aber es ist auch mehr Gedicht als Erzählung, es braucht freien Raum
um sich und es ist auch nicht unwert ihn zu bekommen.« Und drei Tage später
am 19. August wiederholt er seine Bitte gegenüber dem Verlag: »Insbesondere für
den Sonderabdruck des ›Urteil‹ spricht bei mir folgendes: Die Erzählung ist mehr
gedichtmäßig als episch, deshalb braucht sie ganz freien Raum um sich, wenn sie
sich auswirken soll.« Die Erstausgabe mit 29 Seiten erschien 1916 in großer Schrift.

Der Literaturkritiker Michael Braun sieht auch Kafkas Kurzprosa »Die Sorge des
Hausvaters« zu Recht als »Prosagedicht, Meditationsübung und Denkbild zugleich«
und das darin vorkommende Wesen mit dem merkwürdigen Namen Odradek als
»das Wappentier für Kafkas erzählerische [und sicher auch lyrische] Fragment-
kunst«. Odradek, jene rätselhafte »flache sternartige Zwirnspule«, deren Zwirn
aus »abgerissenen, alten, aneinander verknoteten, aber auch ineinander verfilzten
Zwirnstücken« besteht, dient behelfsmäßig dem Zusammennähen zerrissener Tex-
tilien oder in dieser Erzählung dem Zusammenhalt des aus verschiedenen Elemen-
ten zusammengestückelten Textganzen.

Kafka wählte auch bei seiner ersten Buchveröffentlichung »Betrachtung« bewusst
eine übergroße Schriftgröße. Er dankte damals dem Verleger Kurt Wolff ausdrücklich für diese »wunderschöne Schrift«, worauf dieser auch das vorletzte Buch
des Autors »Ein Landarzt« zur großen Freude Kafkas erneut in diesem sehr großen Schriftgrad setzte. Kafka schätzte einen »ganz freien Raum« um seine kurzen
Dichtungen, damit sie ihre ganze Wirkung entfalten konnten. Auch Lyriker lieben
den Freiraum um ihre Gedichte, gönnen ihren Texten mit oft nur wenigen Zeilen
jeweils eine eigene Seite.

Da Kafka aber keine Sammlung von Gedichten hinterließ und auch keinen eigenen Gedichtband veröffentlichte, ist die Frage schon berechtigt, ob es zulässig ist,
seine lyrischen Stückwerke in eine Reihe mit vollendeten Gedichten zu stellen?

Warum veröffentlichte Kafka keinen Gedichtband?

Einen eignen Gedichtband zu publizieren, daran wagte Kafka nicht zu denken. Er verstand sein Schreiben, wie bereits erwähnt, nicht als ein vorrangig auf Veröffentlichung ausgerichtetes Vorhaben, sondern als seine eigentliche Existenzweise, als eine für ihn lebensnotwendige, ja zwanghafte Aktivität. Schon am 8. November 1903 schrieb er an seinen Freund Oskar Pollak: »Gott will nicht, daß ich schreibe, ich aber, ich muß. So ist es ein ewiges Auf und Ab, schließlich ist doch Gott der Stärkere und es ist mehr Unglück dabei, als Du Dir denken kannst.« Keinesfalls war es nur ein »künstlerisches Interesse«, wie Felice am 14. August 1913 meinte. »Ich habe kein literarisches Interesse«, korrigierte sie Kafka, »sondern bestehe aus Literatur, ich bin nichts anderes und kann nichts anderes sein.« Am 3. Januar 1912 betonte er: »Als es in meinem Organismus klar geworden war, daß das Schreiben die ergiebigste Richtung meines Wesens sei, drängte sich alles hin und ließ alle Fähigkeiten leer stehn, die sich auf die Freuden des Geschlechtes, des Essens, des Trinkens, des philosophischen Nachdenkens der Musik zuallererst richteten.« Und am 31. Juli 1914 notierte er: »Aber schreiben werde ich trotz alledem, unbedingt, es ist mein Kampf um die Selbsterhaltung.«

Wichtig war für Kafka am Schreiben der Schreibakt als solcher und nicht das Ergebnis, das abgeschlossene Werk. Am 5. Juli 1922 versicherte er Brod: »Das Schreiben ist ein süßer wunderbarer Lohn, aber wofür? In der Nacht war es mir […] klar, daß es der Lohn für Teufelsdienst ist.« Ende März 1923 gestand er seinem Freund Klopstock: »Ich habe inzwischen, nachdem ich durch Wahnsinnszeiten gepeitscht worden bin, zu schreiben angefangen und dieses Schreiben ist mir in einer für jeden Menschen um mich grausamsten […] Weise das Wichtigste auf Erden, wie etwa einem Irrsinnigen sein Wahn (wenn er ihn verlieren würde, würde er ›irrsinnig‹ werden) oder wie einer Frau ihre Schwangerschaft.«

Geschriebenes war für Kafka stets unfertig, reizte ihn zur »Selbstverurteilung«. Geplagt von Selbstzweifeln, missverstanden zu werden und der Frage, ob das Geschriebene es wert ist, auch veröffentlicht zu werden, drohte sich das von ihm Aufgeschriebene fortwährend in dem selbstzerstörerischen Säurebad seines ständigen Zweifels aufzulösen. Kafka zeigte sich also bezüglich der Veröffentlichung seiner literarischen Arbeiten in Buchform immer sehr zurückhaltend, zögerte vor der Geburt des Geschriebenen. »Ich werde Ihnen immer viel dankbarer sein für die Rücksendung meiner Manuskripte als für deren Veröffentlichung«, schrieb er 1912 an den Verleger Kurt Wolff, der sich erinnerte: »Und noch zehn Jahre später, im Juni 1922, hatte sich diese Haltung nicht verändert. […] Wollte er denn, daß man seine belanglosen Kleinigkeiten drucke – nein, nein, nein.« Was Kafka schrieb und aus seinem Inneren absonderte, wurde von ihm strengstens beurteilt. So bezog sich auch seine Tagebuchnotiz von 1910 »Schriftsteller reden Gestank« auf die eigene literarische Produktion, die er mehrfach als »schmutzig«, »ekelhaft« oder »widerlich« geradezu degradierte. Nicht nur seine Erzählung »In der Strafkolonie« nannte er eine »schmutzige Geschichte«, auch sein Text »Erstes Leid« war in seinen Augen eine »widerliche kleine Geschichte« und ebenso »Die Verwandlung«, die er als »ausnehmend ekelhafte Geschichte« verurteilte.

Sicher beurteilte er auch die literarische Qualität seiner gelegentlichen Verse übermäßig kritisch, sodass er an eine Veröffentlichung überhaupt nicht zu denken wagte. Zudem hatte er vor angesehenen Lyrikern wie Stefan George oder Rainer Maria Rilke viel zu großen Respekt und glaubte nicht, ihnen auch nur annähern ebenbürtig zu sein. Sich an das Verfassen von Gedichten zu wagen, schien ihm allein schon anmaßend zu sein. Sich aber mit einer Gedichtpublikation neben sie zu stellen, war für ihn völlig undenkbar.

Doch welche Einstellung hatten Verlage zu einem Lyrikband von Kafka? In einem Brief vom November 1921 forderte der Verleger Kurt Wolff Kafka auf: »Wenn im Laufe der Zeit Sie neben Sammlungen kurzer Prosastücke uns einmal eine große zusammenhängende Erzählung oder einen Roman übergeben könnten […] so würden wir das mit besonderer Dankbarkeit begrüßen. Es kommt hinzu, daß naturgemäß die Aufnahmewilligkeit für eine zusammenhängende umfangreiche Prosaarbeit größer ist als für Sammlungen kürzerer Prosastücke. Das ist eine banale und sinnlose Einstellung der Leser; aber sie ist nun einmal Tatsache. Die Resonanz, die eine solche größere Prosaarbeit finden wird, ermöglicht jedenfalls eine ungleich stärkere Verbreitung, als wir sie bisher erzielten, und der Erfolg eines solchen Buches würde zugleich die Möglichkeit zu einer lebhafteren Propagierung der früher erschienenen bieten.« Es waren also weniger kurze Prosastücke und sicher schon gar nicht Gedichte, die sich Wolff von Kafka wünschte, sondern eine »große Erzählung« oder noch lieber einen »Roman«, weil Romane eben lieber gelesen werden als kleine Prosa und ein Romancier weitaus größere Beachtung erfährt als ein Verfasser von kurzen Prosastücken oder gar von Gedichten.

Vielleicht war es die »Angst vor dem Wort«, die Kafka regelrecht peinigte? »Mein ganzer Körper warnt mich vor jedem Wort, jedes Wort, ehe es sich von mir niederschreiben lässt, schaut sich zuerst nach allen Seiten um; die Sätze zerbrechen mir förmlich, ich sehe ihr Inneres und muss dann aber rasch aufhören.« Angst war überhaupt ein ihn zeitlebens bedrückendes Grundgefühl, worüber er sich unter anderem in Briefen, etwa an Max Brod, Milena Jesenská und in seinem Tagebüchern äußerte: Die Angst ist »wirklich sonderbar, ihre inneren Gesetze kenne ich nicht, nur ihre Hand an meiner Gurgel kenne ich und das ist wirklich das Schrecklichste, was ich jemals erlebt habe oder erleben könnte.« Oder: »[…] und außerdem ist ja mein Wesen: Angst […] ja ich bestehe aus ihr und sie ist vielleicht mein Bestes.« Und am 13. Juni 1920 in einem Brief an Milena: »[…] und meine Angst wird doch immer größer, denn sie bedeutet ja ein Zurückweichen vor der Welt, daher Vergrößerung ihres Drucks, daher weiterhin Vergrößerung der Angst … und um meinen Kopf zucken noch wilder die Schlangen der Angst.« Aufgrund seiner »Angst vor dem Wort«, war er stets auf Suche nach dem absolut richtigen Wort und scheute sich ein Wort hinzuschreiben, wie er sagte: »Kein Wort fast, das ich schreibe, passt zum anderen, ich höre, wie sich die Konsonanten blechern aneinanderreihen […]. Meine Zweifel stehen um jedes Wort im Kreis herum, ich sehe sie früher als das Wort, aber was denn! Ich sehe das Wort überhaupt nicht, das erfinde ich.« Lyriker ringen um jedes Wort, drehen, wenden, fühlen es.

Doch Kafka schätzte ein anderes Schreiben. Seine Erzählung »Das Urteil« schrieb er wie besessen in einer Nacht »von zehn Uhr abends bis sechs Uhr früh in einem Zug«, denn »nur so kann geschrieben werden, nur in einem solchen Zusammenhang, mit solcher vollständigen Öffnung des Leibes und der Seele« als ein Eintauchen in einen Strom von privaten Gedanken, die nur ihn etwas angehen und keinesfalls in fremde Hände gelangen sollen, von Zweifeln zerrissen und von Welt-Angst getrieben und dabei der Versuch diese Angst durch das Schreiben zu bezwingen. Schreiben ohne Planung und Steuerung mit ständigem Wechsel von Schreibrausch und Schreibstagnation, von Schreibfluss und Schreibunfähigkeit. Der Schreibvorgang wird zum mythischen und mystischen Akt und ist, so eine Notiz von 1920 »eine Form des Gebets«, der in einer Ergießung in die Schrift mündet und damit eine erotische und sexuelle Dimension ausweist. Auf einen derartigen Schreibfluss oder Flow, von ihm auch »Geburt« genannt, eine »Sturzgeburt« regelrecht, folgte mehrfach eine längere Schreibblockade, in der kreative Prozesse nahezu vollständig zum Erliegen kamen und er angefangene Werke nicht zu Ende bringen konnte. Fühlte Kafka die »Angst vor dem Wort« womöglich gerade beim Schreiben von oft nur aus wenigen Worten bestehenden Gedichten, in denen jedes Wort ein besonderes Gewicht erhält, weshalb er sich scheute, Gedichte zu verfassen oder gar zu veröffentlichen? Gerieten auch sie ihm nur zu Fragmenten?

Aus all diesen Gründen ist es durchaus nachvollziehbar, dass Kafka an keinem Gedichtzyklus arbeitete, Gedichte in größerem Umfang verfasste und zusammenstellte oder gar daran dachte, einen Band mit Gedichten zu publizieren. Und so blieben nur verstreut lyrische Fragmente von ihm, die ihm einer besonderen Erwähnung nicht wert erschienen und deshalb auch in der öffentlichen Wahrnehmung seines Werks unbeachtet blieben, wenn auch nicht von allen. Manche fühlen sich nämlich dann doch von seinen lyrischen Fragmenten angesprochen und heute sogar mehr denn je.

Das Gedicht als »Entwurf und Annäherung«

»Das Gedicht erzeugt oder provoziert selbst die Frage, was es sei«, betont der Literaturwissenschaftler Johannes Anderegg, »und seiner Eigenart ist es zuzuschreiben, dass wir uns bei keiner Antwort beruhigen mögen. In unserem beständigen Bedürfnis, nach ihm zu fragen, in der Vielzahl unserer Antworten und im Verwerfen der Antworten gibt das Gedicht sich kund. [...] Vom Gedicht erwarte ich, dass es mich angeht. Was mir Gedicht ist, beziehe ich auf mich. Genauer: Das Gedicht ist nicht, sondern es wird – dadurch, dass ich es mir zum Gedicht mache, dass ich es auf mich beziehe. Erst dann ist ein Gedicht ein Gedicht, wenn ich etwas aus ihm mache, wenn ich mir etwas aus ihm mache: Das Gedicht ist auf Verwandlung, auf Anverwandlung angelegt.«

»Ein Gedicht ist niemals zu Ende zu bringen«, bekennt der Lyriker Gerhard Neumann in dem von Hans Bender herausgegebenen Anthologie ›Mein Gedicht ist mein Messer‹, »man kann es allenfalls bis an die Grenze seines vorgegebenen Vermögens fördern – dort aber wird man gezwungen, es loszulassen ... [Das Gedicht] bleibt Entwurf und Annäherung – Gewissheit und Ungewissheit, Wagnis und Bescheidung.«

Der Schriftsteller Robert Musil machte einmal den Vorschlag, man solle den Versuch wagen, »über die Gedichte eines ausdrucksvollen Lyrikers, etwa Goethes, einen Chiffrenschlüssel zu legen oder auf irgendeine andere mechanische Weise bloß jedes x-te Wort oder jede x-te Zeile herauszuheben, und man wird staunen, welche starken Halbgebilde dabei in acht von zehn Fällen zustande kommen. Es spricht das sehr für die hier vorgetragene Auffassung, dass das zentrale Geschehnis im Gedicht das der Sinngestaltung ist und dass diese nach Gesetzen erfolgt, die von denen des realen Denkens abweichen, ohne die Berührung mit ihnen zu verlieren.« So gesehen kann auch lyrischen »Halbgebilden« und Fragmenten durchaus eine Kraft innewohnen, in der sich der Gestaltungsakt des Dichters ebenso manifestiert wie bei einem abgeschlossenen Poem.

Die Lyrikerin Hilde Domin fasste Lyrik gar als »Einladung zu der einfachsten und schwierigsten aller Begegnungen« auf, nämlich zu »der Begegnung mit uns selbst«, wobei es weniger darauf ankommt, dass der Leser bei der Lektüre von Gedichten oder lyrischen Zeilen den Text versteht als vielmehr das eigene Wesen besser verstehen lernt. »Ich sehe keinen prinzipiellen Unterschied zwischen Händedruck und Gedicht«, erklärte zu diesem Beziehungsgeflecht der Lyriker Paul Celan. Der diese Kontaktbezeugung Empfangende ist es also, der letztlich deren Aussage interpretiert.

Dem Hinweis, lyrische Fragmente entbehrten aber doch meist eines erschließbaren Sinnes und lassen den Leser daher nicht in ihr Wesen vordringen, kann mit Robert Musil widersprochen werden. Im Hinblick auf »die Anfangs-Verse aus Hofmannsthals Gedicht ›Lebenslied‹ – sie lauten: ›Den Erben lass verschwenden / An Adler, Lamm und Pfau / Das Salböl aus den Händen / Der toten alten Frau!‹ – merkt Musil an, dass diese Zeilen »sicher für viele die Eigenschaft eines sinnlosen Gedichtes haben, weil es ohne Hilfsmittel durchaus nicht zu erraten ist, was der Dichter eigentlich sagen wollte, dessen ungeachtet man sich der geistigen Mitbewegtheit nicht entziehen kann, und man darf wohl behaupten, dass es vielen Menschen mit vielen Gedichten wenigstens teilweise so geht. Diese Verse sind in dieser Lage nicht schön, weil sich Hofmannsthal sicher etwas dabei gedacht hat, sondern sie sind es, obwohl man sich nichts denken kann, und wüßte man, was man dabei zu denken habe, so würden sie vielleicht noch schöner werden, vielleicht aber auch weniger schön, denn das, was man dazudenkt und weiß, gehört bereits dem rationalen Denken an und erhält seine Bedeutung aus diesem.«

Vor vielen von Kafkas Gedichten und lyrischen Fragmenten mag mancher zunächst ebenso ratlos stehen. Gleichwohl kann er sich auch bei der Lektüre kaum einer »geistigen Mitbewegtheit« entziehen. »Eine Rose ist schön im Ganzen«, notierte Bertolt Brecht im Hinblick auf Details von Gedichten. »Aber auch jedes ihrer Blätter ist schön.« Dem Aphorismus von Karl Kraus: »Künstler ist nur einer, der aus der Lösung ein Rätsel machen kann«, hätte Kafka sicher zugestimmt.

Von Kafka bewunderte Lyriker

Mit Interesse las Kafka Gedichte bekannter Autoren, die einen hohen Gehalt an Stille und Schlichtheit aufwiesen. Er las nicht nur Werke der schon erwähnten Dichter Joseph von Eichendorff, Justinus Kerner und Theodor Fontane. Auch zu Friedrich Hölderlin bestand eine Seelenverwandtschaft und über Gedichte von Matthias Claudius sagte er: »Ja, wenn man sein könnte wie er!« Zu Johann Wolfgang von Goethe, den Kafka als literarischen Übervater empfand, entwickelte er eine Hassliebe. Er fühlte sich von diesem Dichter »ganz und gar beeinflußt«, spürte, dass dessen unvergleichliches Werk ihn »von jedem schreiben abhält« und er »daher nutzlos geworden zu sein« scheint. Als großer Goethe-Leser besaß er von diesem Autor mehr Bücher als von jedem anderen Autor.

Kafka war auch »ein großzügiger Schenker«, so Max Brod, der von ihm »häufige Gaben teurer Bücher (Stefan George, Hofmannsthal in nummerierter Vorzugsausgabe etc.)« erhielt. Aber auch selbst bescherte sich Kafka. Ende November wählte er aus dem Programm des Kurt Wolff Verlags neben eigenen Büchern unter anderem Gedichtbände von Hölderlin, Ludwig C. H. Hölty und Eichendorff. Häufig bekam er Lyrikbände auch von anderen geschenkt. So erhielt er etwa am 26. Mai 1922 von dem tschechischen Lyriker Michal J. Mareš ein Gedichtbuch mit Widmung, vermutlich dessen »Disharmonie. Básně prosou a veršem« – »Disharmonie. Gedichte in Prosa und Vers«, und am 22. November 1922 brachte ihm Robert Klopstock das Buch »Auf neuen Gewässern« des ungarischen Lyrikers Andreas Ady, eines wichtigen Vertreters der modernen ungarischen Dichtung. Im Januar 1923 erhielt er von dem Lyriker Alfred Wolfenstein mit persönlicher Widmung den Band »Dichtungen von Percy Bysshe Shelley in Wolfensteins neuer Übersetzung«.

In den Jahren 1912/1913 lauschte Kafka begeistert den Rezitationen Franz Werfels, der seine Gedichte auswendig vorzutragen pflegte, und nannte ihn mit neiderfüllter Bewunderung ein »Ungeheuer«. Werfel, der zunächst Kafkas Werk als »ab der deutschen Grenze als unverständlich« bezeichnete, setzte sich später für ihre Herausgabe beim Verlag Kurt Wolff ein. Fühlte sich Kafka anfänglich durch seine Verbindung zu Werfel aufgewertet, so verhielt sich es später umgekehrt. Das letzte Buch, das Kafka auf dem Sterbebett in Kierling in Händen hielt, war Werfels gerade erschienener Verdi-Roman, den ihm Werfel mit einer Widmung und mit einem Strauß Rosen zukommen ließ. Zehn Jahre nach Kafkas Tod nannte Werfel Kafka in seinem Brief vom 2. Dezember 1934 an Robert Klopstock »einen Herabgesandten, einen großen Auserwählten. […] der Abstand zwischen ihm und mir, der ich nur ein Dichter bin« sei ihm »immer bewußt« gewesen.

1919 brachte Kafka seiner Jugendfreundin Nelly Engel, die mittlerweile verheiratet war, »als Gastgeschenk nicht eines seiner eigenen Bücher, sondern Thomas Manns ›Gesang vom Kindchen‹ in seidenem Umschlag eigens gebunden.« Diese 1919 entstandene 60 Seiten umfassende »Idylle« ist Manns einziger in Hexametern verfasster und publizierter lyrischer Versuch, in dem er in neun Kapiteln das Leben mit seiner 1918 geborenen jüngsten Tochter Elisabeth besingt. Dieses Lied, so Mann, sei ihm nach dem Ersten Weltkrieg »Erzeugnis eines tiefen Bedürfnisses nach Abkehr, Frieden, Heiterkeit, Liebe und herzlicher Menschlichkeit [...] des Bedürfnisses nach dem Bleibenden, Unberührbaren, Ungeschichtlichen, Heiligen« gewesen. Er habe es »mit der Idylle und dem Geist des Hexameters wahrhaftig ernst« gemeint. Kafka hielt dieses Buch als Geschenk für geeignet und im Oktober 1917 schrieb er an Max Brod: »Mann gehört zu denen, nach deren Geschriebenem ich hungere.« Ebenso schätzte er den 15 Jahre älteren Dichter Stefan George, worauf dessen Bücher hinweisen, die er Max Brod schenkte, so etwa zu Brods 26. Geburtstag, an dem Kafka ihm die 1895 erschienenen »Die Bucher der Hirten und Preisgedichte, der Sagen und Sange und der Hangenden Garten« Georges überreichte.

Obwohl sich in Kafkas Bibliothek kein Buch von Edgar Allan Poe befand, kannte er durch die Poe-Illustrationen von Alfred Kubin, den er 1911 kennenlernte, den Autor des berühmten Gedichts »The Raven«, in dem der über seine verstorbene geliebte Lenore trauernde Poe ein Klopfen an der Tür hört. Als er öffnet, fliegt ein Rabe ins Zimmer, der auf die Frage nach seinem Namen und alle anderen Fragen nur »Nevermore« – »Nimmermehr« antwortet. Dass Kafka durch Poes Gedichte 1917/1918 nicht nur zu lyrischen Versuchen angeregt wurde, ist nicht auszuschließen. Darauf weisen auch folgende drei Stellen im Fünften Oktavheft hin:

»Du Rabe, sagte ich, Du alter Unglücksrabe, was tust Du immerfort auf meinem Weg. Wohin ich gehe, sitzt Du und sträubst die paar Federn. Lästig! Ja, sagte er und ging mit gesenktem Kopf vor mir auf und ab wie ein Lehrer beim Vortrag, es ist richtig, es ist mir selbst schon fast unbehaglich. Warum frage ich mich.«

»Nimmermehr, nimmermehr, kehrst Du wieder in die Städte, nimmermehr, nimmermehr tönt die grosse Glocke über Dir.«

»Ich habe drei Hunde: Halt ihn, Faß ihn und Nimmermehr. [...] Nimmermehr ist eine Bastarddogge und sieht so aus, wie es wohl bei sorgfältigster jahrhundertelanger Züchtung sich nicht hätte erzielen lassen. Nimmermehr ist ein Zigeuner.«

Von Kafkas Werk beeinflusste Lyriker

Von einem persönlichen Kontakt Kafkas zu dem acht Jahre älteren Dichter Rainer Maria Rilke (1875–1926) ist nichts bekannt. Gleichwohl nahm Rilke, wie es heißt, am 10. November 1916 an Kafkas Lesung seiner Erzählung »In der Strafkolonie« in der Galerie Goltz teil, die »ein grandioser Misserfolg« wurde. Darauf weist Kafka einem Brief an Felice Bauer selbst hin: »Übrigens habe ich mich in Prag auch noch an Rilkes Worte erinnert. Nach etwas sehr Liebenswürdigem über den Heizer meinte er, weder in Verwandlung noch in Strafkolonie sei diese Konsequenz wie dort erreicht. Die Bemerkung ist nicht ohne weiteres verständlich, aber einsichtsvoll.« Auch wenn Rilke Kafkas Misserfolg bei der Lesung in München erlebte, so war er an Kafkas literarischem Schaffen doch sehr interessiert, wie sein Brief an Kurt Wolff vom 17. Februar 1922 belegt, in dem es heißt: »[...] merken Sie mich bitte immer ganz besonders für alles vor, was von Franz Kafka an den Tag kommt. Ich bin, darf ich versichern, nicht sein schlechtester Leser.« Der bekannte Kafka-Forscher Malcolm Pasley äußerte sogar die Ansicht, Rilke sei durch die Lektüre von Kafkas Erzählung »Auf der Galerie« zur fünften seiner »Duineser Elegien« und durch »Ein Bericht für eine Akademie« zur zehnten Elegie angeregt worden. Sind in der fünften Elegie eine Gruppe von Akrobaten für die Bemühungen der Menschen Symbol, so wird in der zehnten Elegie der Gegensatz zwischen Leiden und Nicht-Leiden mit jenem zwischen Leben und Tod angedeutet.

Der Dichter Hermann Hesse (1877–1962) nannte Kafka einen »heimlichen Meister und König der deutschen Sprache«, dem es gelingt, einen schlichten Diskurs zu dichterischer Intensität zu steigern, ja in Poesie zu verwandeln. »Wie alle Werke dieses Dichters«, sei auch dessen Roman »Der Prozeß«, »ein Gespinst aus zartesten Traumfäden, die Konstruktion einer Traumwelt, hergestellt mit so reinlicher Technik und geschaffen mit so intensiver Kraft der Vision, daß eine unheimliche, hohlspiegelhafte Scheinwirklichkeit entsteht welche zunächst wie ein Alptraum wirkt, bedrückend und ängstigend, bis dem Leser der geheime Sinn dieser Dichtungen aufgeht.«

Auch Jahre nach Kafkas Tod bekannten sich, angeregt durch sein Werk und aufbauend auf sein Wort etliche Lyriker zu ihm als Vorbild, unter anderem Paul Celan (1920–1970), der sich Kafka in der Tat existenziell zeitlebens nahe fühlte und der ihm mit zunehmendem Alter immer wichtiger wurde. Blättert man in Celans lyrischem »Frühwerk« aus den Jahren 1938 bis Mitte 1948, entdeckt man durchaus Anklänge an Kafkas lyrische Fragmente. Bereits 1946 übersetzte Celan vier Erzählungen Kafkas ins Rumänische und arbeitete an einer Diplomarbeit über ihn.

1947 äußerte Alfred Margul-Sperber, der im jungen Celan einen »lyrischen Kafka« sah, in einem Brief an Otto Basil: »Ich für meinen Teil glaube, daß Celans Gedichte das einzige lyrische Pendant des Kafkaschen Werkes sind.« Seit 1952 erwarb Celan in kurzer Zeit alles, was über Kafka zu haben war. In seinen letzten Pariser Lebenswochen hielt er an der École Normale Supérieure ein Seminar zu »Kafkas Erzählungen« ab, die er immer wieder las und die er mit zahlreichen Anmerkungen versah. Wie Kafkas Werk, darunter auch die lyrischen Fragmente, Paul Celans dichterisches Œuvre beeinflussten, wäre einer eigenen Untersuchung wert, da es vielfältige inhaltlich-strukturelle Verbindungen zwischen beiden gab.

In seinem letzten zu Lebzeiten erschienenen Gedichtband »Fadensonnen« ließ Celan das Gedicht »Frankfurt, September« in Anspielung auf Kafkas Namen – Kafka bedeutet »Dohle«! –, seine Krankheit und sein Verstummen mit den Zeilen enden:

»Die Simili-
Dohle
frühstückt.
Der Kehlkopfverschlusslaut
singt.«

»Die Sprache«, so Kafka, »kann für alles außerhalb der sinnlichen Welt nur andeutungsweise, aber niemals auch nur annähernd vergleichsweise gebraucht werden, da sie, entsprechend der sinnlichen Welt, nur von Besitz und seinen Beziehungen handelt.« Diese Auffassung von Sprache findet sich auch bei Paul Celan. In seiner Rede »Der Meridian« äußerte sich Celan zum Wesen des Gedichts, wie er es versteht: »[...] das Gedicht zeigt, das ist unverkennbar, eine starke Neigung zum Verstummen. Es behauptet sich [...] am Rande seiner selbst; es ruft und holt sich, um bestehen zu können, unausgesetzt aus seinem Schon-nicht-mehr in seiner Immer-noch zurück. […] Das Gedicht ist einsam. Es ist einsam und unterwegs. Wer es schreibt, bleibt ihm mitgegeben.« Und an einer anderen Stelle Celans Aperçu, das auf Kafkas literarisches Schaffen insgesamt zutrifft: »Wer auf dem Kopf geht, der hat den Himmel als Abgrund unter sich.« Dieser »Himmel als Abgrund« ist auch in Kafkas lyrischen Bruchstücken stets gegenwärtig. In ihnen ist außerdem erkennbar, was der Lyriker Christoph Meckel in seinem Poem »Rede vom Gedicht« verkündet: »Das Gedicht ist der Ort der zu Tode verwundeten Wahrheit.« Aus Kafkas lyrischen Notaten spricht diese fortwährend in ihrer Existenz bedrohte Wahrheit allenthalben, aus seinen Tagebüchern von 1909 bis 1923 und aus seinen Reisetagebüchern, aus den Notizen der acht Oktavhefte, aus den Aphorismen und losen Blättern, aus den Briefen an Felice, Milena und Ottla. Sie alle enthalten zahlreiche Stellen, die Kafkas lyrische Begabung eindrucksvoll belegen.

Ebenso weist das Werk von Paul Celans Jugend- und Dichterfreund Alfred Gong (1920–1981) mit seinen grotesk-gespenstischen Bildern Ähnlichkeiten mit Kafka auf, der auch für die aus Czernowitz stammende Lyrikerin Rose Ausländer (1901–1988) ein Vorbild war. Von ihm gingen«, wie sie betonte, »die nachhaltigsten Impulse auf mich aus«. Ebenso wurde das lyrische Schaffen des Dichters Alfred Kittner (1906–1991) durch Kafkas Werk maßgeblich beeinflusst, der »in Kafka eine gewisse Verwandtschaft aufzuspüren vermeinte«.

Und wurden nicht auch Dichter von Thomas Kling bis Durs Grünbein zu fragmentarischer Dichtung anregt? »Kommt uns nicht mit Fertigem. Wir brauchen Halbfabrikate«, forderte etwa der Lyriker Volker Braun gleichsam programmatisch in seinem 1966 erschienen Gedicht »Anspruch«. Wie bei Kafka ist, so die Ansicht des Kritikers Michael Braun, in vielen dieser Werke »dieses Doppelspiel von Evidenz und Hermetik, Verschlossenheit und Offenheit kennzeichnend für das moderne Gedicht, das trotz aller Anfechtungen und Totsagungen nicht verlernt hat ›VOM GANZEN / den Satz, den Bruch, / das geteilte Geschrei, den / trägen Ton‹ zu sagen, wie es bei Ernst Meister heißt.«

Zweifellos hätte Kafka, wenn er sich intensiv auf das Verfassen von Gedichten eingelassen hätte, auch in dieser literarischen Gattung Beeindruckendes geschaffen. Die lyrischen Versuche, Fragmente und Ansätze in seinem Werk lassen seine Fähigkeiten in diesem Bereich deutlich erahnen. »Nehmt beispielsweise seine Sprache!« schreibt Max Brod. »Seine Sprache ist kristallklar, und an der Oberfläche merkt man gleichsam kein anderes Bestreben, als richtig, deutlich, dem Gegenstand angemessen zu sein. Und doch ziehen Träume, Visionen von unermesslicher

Tiefe unter dem heiteren Spiegel dieses reinen Sprachbaches. Man blickt hinein und ist gebannt von Schönheit und Eigenart.« Dieses Gebanntsein von Schönheit und Eigenart ergreift all jene, die den Blick in den Spiegel des lyrischen Sprachbaches von Franz Kafka wagen.

Kafkas Begeisterung für »Jargon«

Kafka der deutsch, tschechisch bzw. böhmisch und italienisch sprach, sowie im Gymnasium Französischunterricht genoss, außerdem über Grundkenntnisse in Englisch und Hebräisch verfügte, liebte auch den »Jargon«. In seinen »Paralipomena«, gemeint sind damit Nachträge und Zusätze, ist besonders Kafkas »Rede über die jiddische Sprache« vom 18. Februar 1912 bemerkenswert. Darin kündigt er den Vortrag von »Versen ostjüdischer Dichter« durch den von ihm verehrten Schauspieler Jizchak Löwy an. Er beruhigt das Publikum, es brauche »keine Angst vor dem Jargon« zu haben, diesem Mischmasch aus verschiedenen Sprachen. Es »gehört schon Kraft dazu, alles dieses Deutsche, Hebräische, Französische, Englische, Slawische, Holländische, Rumänische und selbst Lateinische innerhalb des Jargon zusammenzuhalten«. Aber der Jargon sei eben eine lebendige, leider oft missachtete Sprache, bestehe nur aus Dialekt und es sei nicht leicht ihn zu verstehen. [...] Glücklicherweise ist aber jeder der deutschen Sprache Kundige auch fähig, Jargon zu verstehen. Das sei »ein Vorzug vor allen Sprachen der Erde«, denn man könne den Jargon auch fühlend verstehen. »Wenn Sie aber einmal Jargon ergriffen hat – und Jargon ist alles, Wort, chassidische Melodie und das Wesen dieses ostjüdischen Schauspielers selbst –, dann werden Sie Ihre frühere Ruhe nicht mehr wiedererkennen. Dann werden Sie die wahre Einheit des Jargon zu spüren bekommen, so stark, daß Sie sich fürchten werden, aber nicht mehr vor dem Jargon, sondern vor sich. Sie würden nicht imstande sein, diese Furcht allein zu ertragen, wenn nicht gleich auch aus dem Jargon das Selbstvertrauen über Sie käme, das dieser Furcht standhält und noch stärker ist. Genießen Sie es, so gut Sie können!«

Nach dieser Einleitung kündigt Kafka an: »Herr Löwy wird jetzt drei Gedichte vortragen. Zuerst ›Die Grine‹ von Rosenfeld. Grine das sind die Grünen, die Grünhörner, die neuen Ankömmlinge in Amerika. Solche jüdische Auswanderer gehen in diesem Gedichte in einer kleinen Gruppe mit ihrem schmutzigen Reisegepäck durch eine New Yorker Straße. Das Publikum sammelt sich natürlich an, bestaunt sie, folgt ihnen und lacht.

Das zweite Gedicht ist von Frug und heißt ›Sand und Sterne‹. Es ist eine bittere Auslegung einer biblischen Verheißung. Es heißt, wir werden sein wie der Sand am Meer und die Sterne am Himmel. Nun, getreten wie der Sand sind wir schon, wann wird das mit den Sternen wahr werden?

Das dritte Gedicht ist von Frischmann und heißt ›Die Nacht ist still‹. Ein Liebespaar begegnet in der Nacht einem frommen Gelehrten, der ins Bethaus geht. Sie erschrecken, fürchten verraten zu sein, später beruhigen sie einander.«

Eine Strophe aus dem Gedicht von Rosenfeld sei hier als Beispiel mit Übersetzung zitiert:

»A folk, welches bodt sich nor schtendig in treren.
Wos jederer schlogt dos un matert dos geren;
Wos wandert durch wistenis tojsende jahren
Un hot noch bis jezt sajn beruf nit ferloren;
A folk mit asoj fil neschome, dermojnen.
O,wascht ajch di lipen, respekt, ihr nazionen!

Ein Volk, das badet nur ständig in Tränen,
Das jeder nur schlägt und martert gerne;
Das tausend Jahre durch Wüsten gezogen
Und doch bis jetzt seinen Ruf nicht verloren;
Ein Volk mit so viel Seele, Erinnern,
Oh, wascht euch die Lippen, Respekt, ihr Nationen!«

Nach einer Veranstaltung am 6. Januar 1912 äußerte Kafka: »Seht ihr, alle Sprachen kann ich, aber auf jiddisch!« Er war von der erstaunlichen Sprachvielfalt des Jargons fasziniert, wozu für ihn auch Gedichte im Jargon, im deutsch-jiddischen Dialekt, gehörten. Forschungen der Sprachwissenschaftler Marek Nekula und Boris Blahak ergaben übrigens, dass Kafka selbst eine ostmittelbairische Stadtmundart wienerischer Prägung sprach mit Lautungsmerkmalen, die auch für bairische Dialekte charakteristisch sind, wobei zu berücksichtigen ist, dass der bairische Sprachraum bekanntlich weit über den Freistaat Bayern hinausreicht. Überspitzt ausgedrückt könnte man also sagen. Kafka liebte den Dialekt und war ein Autor, der auch Bairisch sprach. So sagte er unter anderem »i« (ich), »mir« (wir), »a« (ein, eine), »dee« (die) und »dees« (das), »rucken« (rücken). In Kafkas Deutsch sind auch nach Ansicht des Germanisten Boris Blahak österreichische, wienerische und eben auch bairische Spracheinflüsse erkennbar.

»Wenn ich wahllos einen Satz hinschreibe, [...] so ist er schon vollkommen.«

Wie der Schweizer Germanist Peter von Matt in seinem Beitrag »Die Vollkommenheit des Unfertigen« in der »Neuen Züricher Zeitung« vom 28. November 2009 darlegte, sei jeder Versuch, Kafka interpretieren und ihn in irgendeine Schublade pressen zu wollen a priori zum Scheitern verurteilt: »Max Brod hat mit dem religiösen Kafka den Anfang gemacht, dann kam der existenzialistische Kafka, dann der psychoanalytische Kafka mit seinem Vaterproblem, dann Kafka als Dialektiker der Aufklärung, dann der visionäre Diagnostiker von Diktatur und Holocaust, es kam der postmoderne Kafka, und in jüngster Zeit wird verstärkt wieder der jüdische Kafka diskutiert – alles immer mit guten Gründen und mit vielen Belegen aus dem Werk.« Doch »Kafka lebte um des Schreibens willen«, so Peter von Matt. »Er lebte nicht um des Geschriebenen willen. [...] Er lebte einzig auf diesen Vorgang hin, den Vorgang der Verwandlung seiner Existenz in das Schreibwesen. [...] Die Frage, ob etwas fertig oder unfertig sei, gibt es im Vollzug dieses Geschehens nicht [...] Da der Zustand des Schreibens der vollkommenste mögliche Zustand ist, ist jeder Satz vollkommen, der aus ihm hervorgeht.« Der Essayist Frank Schirrmacher erkannte: »Manche Sätze Franz Kafkas bergen mehr als ganze Romane anderer Autoren. Sein literarisches Genie bestand: in der absoluten Kontrolle über den mehrfachen Schriftsinn nicht nur fast jedes Satzes, sondern fast jedes Wortes. Er hatte wie außer ihm vielleicht nur Shakespeare eine enorme Verfügungsgewalt über den vielfachen Sinn von Worten. Sein Judentum hatte ihn frühzeitig begreifen lassen, dass Worte, ja Buchstaben eine spirituelle Kraft entfalten können.«

»Die besondere Art meiner Inspiration, in der ich Glücklichster und Unglücklichster jetzt um 2 Uhr nachts schlafen gehe«, notierte Kafka am 19. Februar 1911, »ist die, dass ich alles kann, nicht nur auf eine bestimmte Arbeit hin. Wenn ich wahllos einen Satz hinschreibe z. B. Er schaute aus dem Fenster so ist er schon vollkommen.« Jeder Satz Kafkas, der seinem wie auch immer gearteten Schreibzustand entspringt, ist also gültig und fertig, selbst wenn er angeblich unfertig ist. »Kafka hat immer definitiv geschrieben, nie vorläufig. Er schreibt, und was er schreibt, gilt.« Dabei geht es nicht um den Umfang des Geschriebenen. Auch Notizen und Fragmente, jeder Satz ist Teil von Kafkas schriftstellerischem Œuvre und damit ein Stück Literatur.

Kafka wollte sich also nie in literarische Gattungen pferchen lassen, war völlig desinteressiert an Zuordnungen wie »bedeutender Erzähler«, »grandioser Romancier«, »Vertreter der ›frühen fantastischen Literatur‹« oder der »Klassischen Moderne«. Und auch auf den Titel »Lyriker« legte er keinen Wert und hätte eine solche Zuschreibung an sich abprallen lassen, auch wenn er es nicht verhindern konnte, dass die Literaturwissenschaft sein Werk systematisch einordnet, Interpretationsschulen es deuten und Leserinnen und Leser es subjektiv für sich auslegen. »Wenn ich wahllos einen Satz hinschreibe, [...] so ist er schon vollkommen.« Es ging Kafka um das »Hinschreiben« von Worten und Sätzen, wobei schreiben, reden, denken für ihn kompliziert waren, wie er am 10. Juli 1914 seiner Schwester Ottla schrieb: »Ich schreibe anders als ich rede, ich rede anders als ich denke, ich denke anders als ich denken soll und so geht es weiter bis ins tiefste Dunkel.« Kafka hielt sich für einen Schriftsteller, der nicht schreiben und für einen Dichter, der nicht dichten kann und reihte sich damit in den Kreis der von ihm geschaffenen Versager ein, so der Maus Josefine, die nicht singen kann, des Hungerkünstlers, dem nichts schmeckt und des Weltmeisters, der nicht schwimmen kann. Warum soll es den Deutern seiner Werke besser ergehen, die sich seit seinem Tod bei der rechten Auslegung seiner Werke zu Tode deuten, es dabei aber schaffen, ihn Jahr für Jahr immer noch leuchtender auferstehen lassen.

Kafka, ein Lyriker – kein Lyriker?

Bedauerte Max Brod, dass man Kafkas Lyrik »noch kaum erkannt« habe, urteilt die Interpretatorengarde heute, dass in seinem Werk, abgesehen von allenfalls ein paar Zeilen, keine Lyrik erkennbar sei. Außerdem habe sich Kafka selbst nie als Lyriker bezeichnet und auch keinen Gedichtband hinterlassen. Wer also darf es sich angesichts dessen erlauben, Kafka dennoch einen »Lyriker« zu nennen und welche Hinweise lassen sich in seinem Werk entdecken, die darauf hinweisen? Welche Stellen in seinem Gesamtwerk lassen sich als »Lyrik« oder zumindest als ›lyrische Stellen‹ oder ›lyrische Fragmente‹ interpretieren, wovon sich dann der Titel »Kafka, ein Lyriker« ableiten ließe?

In ihrem schon 1964 erschienenen berühmten Essay »Against Interpretation« schrieb die angesehene Autorin Susan Sontag, das Werk Franz Kafkas sei zum »Opfer einer Massenvergewaltigung geworden«. Eine Legion von Interpreten habe sich nämlich auf seine schwer zugänglichen Texte gestürzt und eine Unmenge von Büchern über seine Bücher publiziert. Gibt es mittlerweile 10 000 oder 20 000 Bücher mit Erklärungsversuchen über sein Werk – so genau weiß man das nicht –, die im Verlauf der Jahrzehnte die Bibliotheken zu verstopfen begannen? Für wen schrieb Kafka eigentlich? Für sich? Für Leser oder für Deuter? Sind Interpretationen also nötig oder informieren Kafkas Schriften nicht über sich selbst? Bedürfen sie wirklich eines Kommentars oder einer Auslegung? Und wer darf sich überhaupt ein Urteil darüber anmaßen, was Kafka mit dem von ihm Geschriebenen im Einzelnen meinte? Ist die Forderung nach Deutung tatsächlich in seinen Texten angelegt? Benötigt die Kommunikation zwischen dem Produzenten Kafka und dem Leser als dem Adressaten ernsthaft eine Auslegung durch eine Interpretationskohorte oder stört diese mit ihren sich oft genug widersprechenden Deutungen nicht vielmehr die unmittelbare Kommunikation Autor-Leser aufs empfindlichste? Ist die Erklärung von Kafkas Werk wirklich dem angeblichen Bedürfnis der Leserschaft geschuldet, das von ihm Geschriebene verstehen zu wollen und es deshalb erklärt zu bekommen? Ist also in Kafkas Werk gleichsam eine Informationserwartung verankert, die förmlich danach schreit, erfüllt zu werden? Was würde Kafka jemandem raten, der ihn fragt, wie sich seine Texte verstehen ließen? Vielleicht gäbe ihm das Ende von Kafkas kurzem Text »Gibs auf!« die Antwort:

»Von mir willst du den Weg erfahren?‹ ›Ja‹, sagte ich, ›da ich ihn selbst nicht finden kann.‹ ›Gibs auf, gibs auf‹, sagte er und wandte sich mit einem großen Schwunge ab, so wie Leute, die mit ihrem Lachen allein sein wollen.«

Waren 100 Jahre Kafka-Forschung und alle Mühen der Dechiffriersyndikate also für die Katz und sind die 100 Regalkilometer voller Sekundärliteratur im Grunde nur Makulatur? Ist Kafka von der Germanistik nicht längst total ausgeforscht, sodass der Interpretationszwang endlich nachlassen kann? Sollte also die seit Kafkas Tod unablässige Sinnhuberei im Umgang mit seinem Werk demzufolge nicht endlich aufgegeben werden, bevor alles von Kafka Verfasste verschüttet und darunter erstickt und begraben wird? »Wenn Deutung eine immer noch grassierende Krankheit ist«, so die Literaturwissenschaftlerin Karla Reimert, »dann sind Kafkas Texte resistent gegen sie […] und es ist ein Irrglaube zu meinen, Kafka hätte seine Texte ›verschlüsselt‹ geschrieben, und man brauche nur die richtige Folie, um sie – und damit natürlich auch den Autor – zu ›verstehen‹.« In Wahrheit geht es aber um »das Geheimnis des Zuhörens, Lesens, auf den Text Vertrauens und sich auf ihn Einlassens«, dem sich jeder Leser und Hörer von Kafkas Texten individuell stellen muss. Wollte Kafka sein Werk am Ende seines Lebens womöglich deshalb vernichtet wissen, weil er befürchtete, durch Deuter würde es mit der Zeit ohnehin gründlich zerstört werden?

Ist es deshalb tatsächlich anmaßend, wenn im Folgenden 15 Texte zitiert und als lyrische Versuche und Fragmente Kafkas bezeichnet werden, die von ihm überliefert sind? Darf man es wagen, diese meist hingeworfenen Verse ohne Titel als »Kafka-

Gedichte« zu bezeichnen, auch wenn er selbst nie den Versuch unternahm, seine lyrische Begabung mit der Veröffentlichung eines Gedichtbandes zu dokumentieren? Erlaubt ist dies allenfalls deshalb, weil Kafka mit Blick auf manches von ihm Geschriebene selbst von »Versen« und »Gedichten« sprach. Wie man diese Texte auch bezeichnen mag, es handelt sich dabei um »unsagbar schöne lyrische Stellen«, wie Max Brod zu Recht urteilte.

15 als »Kafka-Gedichte« bezeichnete Texte

Die folgenden »lyrischen Fragmente« Kafkas entstanden in keiner spezifischen Schaffensperiode, sondern verstreut über viele Jahre hinweg, so beginnend 1897 – 1903 / 1904 – 1907 – 1909 – 1911 / 1912 – 1916 – 1917 / 1918 – 1920. Sie finden sich in verschiedenen Briefen und Tagebucheinträgen, in seinen Aphorismen und in Textfragmenten, die in seinen Oktavheften und auf losen Blättern enthalten sind.

Schon im Alter von zwölf oder dreizehn Jahren war Kafka entschlossen, Schriftsteller zu werden. Eines der frühesten Zeugnisse ist ein zweizeiliger Albumeintrag vom 20. November 1897 für den Schulfreund Hugo Bergmann. Der Eintrag lautet:

»Es gibt ein Kommen und ein Gehn
Ein Scheiden und oft kein – Wiedersehn

Prag, den 20. November
Franz Kafka«

Faksimile des Albumeintrags

Bergmann bezeichnete diesen Vers als »zwei düstere Zeilen Kafkas. Ich möchte nicht entscheiden, ob sich der 14jährige Kafka wirklich der ganzen Schwere dieser Zeilen bewußt war.«

***

Noch ein anderer poesievoller Albumeintrag Kafkas ist überliefert. Bei einem Urlaub im Sommer 1900 im nahe bei Prag gelegenen Villenort Rostok lernte der 17-Jährige die gleichaltrige hübsche Selma, Tochter des Postmeister Kohn kennen. Bei ihren Begegnungen rezitierte Kafka auch Stellen aus Nietzsches »Zarathustra«, den er mit Interesse gelesen hatte. Zum Abschied schrieb er in Selmas Poesiealbum die poetischen Zeilen:

»Wie viele Worte in dem Buche stehn!
Erinnern sollen sie! Als ob Worte erinnern könnten!
Denn Worte sind schlechte Bergsteiger und schlechte Bergmänner. Sie holen nicht die Schätze von den Bergeshöhn und nicht die von den Bergestiefen! Aber es gibt ein lebendiges Gedenken, das über alles Erinnerungswerte sanft hinfuhr wie mit kosender Hand. Und wenn aus dieser Asche die Lohe aufsteigt, glühend und heiß, gewaltig und stark und Du hineinstarrst, wie vom magischen Zauber gebannt, dann –
Aber in dieses keusche Gedenken, da kann man sich nicht hineinschreiben mit ungeschickter Hand und grobem Handwerkszeug, das kann man nur in diese weißen, anspruchslosen Blätter. Das that ich am 4. September 1900.
Franz Kafka«

***

Während eines Aufenthalts im Juli / August 1903 in Salesel bei Aussig fuhr Kafka nach Dresden, kehrte aber bald wieder zurück. Wie sich Kafkas Erzieherin Anna Pouzarová erinnerte, »fuhr Franz viel Fahrrad und spielte Tennis mit einem hübschen Mädchen. Nach seiner Rückkehr nach Prag schrieb er ein längeres Gedicht ›Stella‹. So hieß nämlich das Fräulein.«
Allerdings, so wird vermutet, könnte bei diesem Gedicht auch eine Verwechslung mit zwei Jugendgedichten Friedrich Hölderlins vorliegen, dessen Gedichte Kafka schätzte. Hölderlin erlebte als junger Theologiestudent eine erste Liebe zu Louise Nast, der Tochter des Maulbronner Klostervorstehers, mit der er kurz verlobt war und der er vier Gedichte: »An Stella« – »An die Nachtigall« – »Klagen. An Stella«

und »An Louise Nast« widmete. Hölderlins Gedicht »An Stella« beginnt mit den Worten:

»Du gute Stella! wähnest du mich beglückt,
Wann ich im Tale still und verlassen, und
Von dir vergessen wandle, wann in
Flüchtigen Freuden dein Leben hinhüpft?«

Und im Gedicht »Klagen. An Stella« wünscht sich Hölderlin:

»Stella! ach! wir leiden viel! wann nur das Grab –
Komme! komme, kühles Grab! nimm uns beide!
Siehe Stellas Tränen, komme,
Kühles, ruhiges Grab.«

Ein Gedicht Kafkas an »Stella« ist leider nicht erhalten.

* * *

Kafkas älteste, vielleicht zusammengehörende drei Gedichte finden sich, wie er- wähnt, in einem Brief vom 9. November 1903 an seinen Freund Oskar Pollak. Darin schrieb der 20-jährige Franz: »Hier sind noch einige Verse. Lies sie in guten Stunden.« Im Anschluss an diese Bemerkung finden sich dann die drei Verse »Kühl und hart ist der heutige Tag«, »In dem alten Städtchen stehn« und »Menschen, die über dunkle Brücken gehn«.

»Kühl und hart ist der heutige Tag.
Die Wolken erstarren.
Die Winde sind zerrende Taue.
Die Menschen erstarren.
Die Schritte klingen metallen
Auf erzenen Steinen,
Und die Augen schauen
Weite weiße Seen.

In dem alten Städtchen stehn
Kleine helle Weihnachtshäuschen,
Ihre bunte Scheiben sehn

Auf das schneeverwehte Plätzchen.
Auf dem Mondlichtplatze geht
Still ein Mann im Schnee fürbaß,
Seinen großen Schatten weht
Der Wind die Häuschen hinauf.

Menschen, die über dunkle Brücken gehn,
vorüber an Heiligen
mit matten Lichtlein.
Wolken, die über grauen Himmel ziehn,
vorüber an Kirchen
mit verdämmernden Türmen.
Einer, der an der Quaderbrüstung lehnt
und in das Abendwasser schaut,
die Hände auf alten Steinen.

Dein Franz«

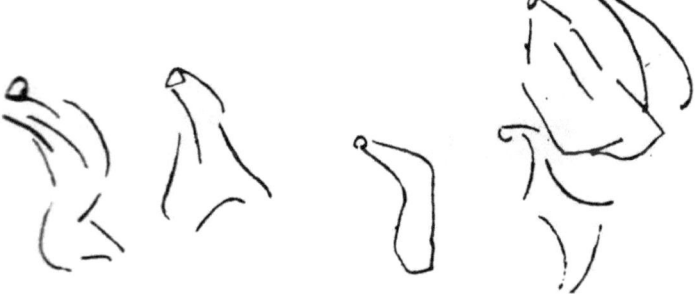

In diesen drei Strophen schildert Kafka seine Einsamkeit bei einem winterlichen
Spaziergang in Prag vorbei am windigen Moldauquai mit Blick auf den frostigen
Fluss weiter durch den Altstädter Ring mit dem traditionellen Weihnachtsmarkt
und zuletzt zum Kreuzherrenplatz und zur Karlsbrücke mit Kirchen und Heiligen-
figuren, wo er, an die Brückenquader gelehnt, innehält.

»Das Gedicht, alle seine Strophen, ist ein Weg durch Frost und Fremdheit, und
es will den Freund fragen: Ich suche Trost, Nähe und Wärme, und wo bist Du, le-
bendiger Mensch? Es ist eine Frage, die Kafka noch lange in seinen Schriften und

in seinem Leben wiederholen wird«, so urteilt der Literaturwissenschaftler Peter Demetz in dem von Marcel Reich-Ranicki herausgegeben 22. Band der »Frankfurter Anthologie« (1999). »Ob das ein Gedicht ist, oder zwei oder drei, darüber läßt sich trefflich streiten«, so Demetz, »nicht über den Verdacht, daß sich der 20-jährige Franz Kafka noch in diesem oder jenem poetischen Idiom übte. Es ist jedenfalls das älteste lyrische Bruchstück, das sich in einem Briefe vom 9. November 1903 erhalten hat. Die erste Strophe mit ihren Satzreihungen« so Demetz, erinnert »an den frühen Expressionismus; und in den ›zerrenden Tauen‹ hallen noch Hölderlins ›klirrende Fahnen‹ nach.« Während Demetz die zweite Strophe als »eine lyrische Katastrophe« bezeichnet, nennt er »die dritte Strophe das wunderbarste Gedicht, das Kafka je geschrieben hat.«

Ende November 1903 machte sich Kafka übrigens auf den Weg in die Kunststadt München, wo er in der Pension Lorenz am Botanischen Garten, Sophienstraße 15, logierte. Von seinem Pensionszimmer war er schnell im Café »Luitpold«, das er ebenso besuchte wie die Neue Pinakothek. Vielleicht kam Kafka auch in den »Simpl«, das berühmte Lokal in der Münchner Türkenstraße 57, das 1903 die legendäre Wirtin Kathi Kobus übernommen hatte und in der Frank Wedekind, Ludwig Thoma und Olaf Gubransson Stammgäste waren.

***

1907 lernte Kafka in Triesch in Mähren, wo er bei seinem Onkel Dr. Siegfried Löwy zur Sommerfrische weilte, das Mädchen Hedwig Weiler kennen. In einem Brief an Max Brod beschreibt er sie als »klein, rotwangig, sehr kursichtig, kurze dicke Beine« und verliebte sich in sie. Im Brief vom 29. August 1907 erwähnt Kafka: »Vor Jahren [1904?] habe ich einmal dieses Gedicht geschrieben.

> In der abendlichen Sonne
> sitzen wir gebeugten Rückens
> auf den Bänken in dem Grünen.
> Unsere Arme hängen nieder,
> unsere Augen blinzeln traurig.
>
> Und die Menschen gehn in Kleidern
> schwankend auf dem Kies spazieren
> unter diesem großen Himmel,
> der von Hügeln in der Ferne
> sich zu fernen Hügeln breitet.«

Dieses Gedicht bezieht sich auf einen Spaziergang Kafkas auf die in der Moldau gelegene Schützeninsel, die wegen ihrer schattigen Kieswege ein beliebtes Ausflugsziel der Prager war. Im »Deutschlandfunk-Lyrikkalender 2006« stellte der Literaturkritiker Michael Braun dieses Gedicht vor, das Kafka noch während seines Studiums geschrieben hatte und in dem er, so Braun »als Lyriker sichtbar« wird. »Unter dem ›großen Himmel‹ und seiner weiten Ausdehnung zwischen den Fernen wirken die Menschen wie verloren.« Der Vers sei »ein Exempel für Kafkas Ungeselligkeit und für sein mangelndes ›Interesse an den Menschen‹«. Kafkas Blick »ist von einer geradezu kindlichen Unschuld«, äußert der Literaturwissenschaftler Heinz Politzer. »Seine lyrische Grundstimmung [in der zweiten Strophe] spricht sich überzeugend in den rührend gebrechlichen Zeilen aus. Sein Zauber besteht in Bildern, die scheinbar zufällig und doch einem inneren Rhythmus getreu auseinander hervorgleiten.«

Beim Blick auf die zweite Strophe dieses Gedichts »Und die Menschen gehen in Kleidern schwankend auf dem Kies spazieren«, das Kafkas Erzählung »Beschreibung eines Kampfes« einleitet, stellt sich die Frage, ob er womöglich von Georges 1898 entstandenem Gedicht »Wir schreiten auf und ab« angeregt wurde, in dem es heißt: »Wir schreiten auf und ab im reichen flitter / Des buchenganges beinah bis zum tore / Und sehen außen in dem feld vom gitter / Den mandelbaum zum zweitenmal im flore. // Wir suchen nach den schattenfreien bänken / dort wo uns niemals fremde stimmen scheuchten / In träumen unsre arme sich verschränken / Wir laben uns am langen milden leuchten // Wir fühlen dankbar wie zu leisem brausen / Von wipfeln strahlenspuren auf uns tropfen / Und blicken nur und horchen wenn in pausen / Die reifen früchte an den boden klopfen. //«

Zur letzten Zeile in diesem Gedicht gibt es offensichtlich auch in Kafkas »Beschreibung eines Kampfes« einen Bezug, wo es heißt: »Von den Obstbäumen schlugen Früchte irrsinnig auf den Boden.«

***

Im eben erwähnten 1903 / 1904 entstandenen Text »Beschreibung eines Kampfes« träumt Kafka im Mondlicht, »von einem Mädchen in einem schönen weißen Kleid geliebt zu werden«:

»Daher breitete ich mit Freude meine Arme aus, um den Mond ganz zu genießen. – Da fiel mir der Vers ein:

Ich sprang durch die Gassen
wie ein betrunkener Läufer
stampfend durch die Luft

und es wurde mir leicht, als ich Schwimmbewegungen mit den lässigen Armen ma-
chend ohne Schmerz und Mühe vorwärtskam. Mein Kopf lag gut in kühler Luft
und die Liebe des weißgekleideten Mädchens brachte mich in trauriges Entzücken,
denn es schien mir, als schwimme ich von der Verliebten und auch von den wolken-
haften Bergen ihrer Gegend weg.«

In diesen Verszeilen beschreibt Kafka das »traurige Entzücken« über einen rasch
verblassenden Liebestraum.

**

In der Münchner Zeitschrift »Hyperion« erschienen 1908 / 1909 kleine Prosastücke
Kafkas, mit denen er in literarischen Kreisen Aufsehen erregte. Ein Gedicht von
ihm war nicht darunter.

Aber abseits, auf einem Kalenderblatt vom 17. September 1909 notierte Kafka handschrtiftlich das folgende titellose Gedicht:

»Kleine Seele
springst im Tanze
legst in warme Luft den Kopf
hebst die Füsse aus glänzendem Grase
das der Wind in zarte Bewegung treibt«

Dieses Kalenderblatt bewahrte er bis zu seinem Tod sorgfältig auf. Es fand sich zwischen den Seiten eines der Oktavhefte, die er in Zürau benutzte, wo er für acht Monate auf dem Gut seiner Schwester Ottla lebte.

Zwei Jahre später 1911 trug er dieses Gedicht, das von Max Brod vertont wurde, auf Bitte des Linzer Kunstsammlers Anton Max Pachinger spontan auch ins Stammbuch von dessen Freundin ein. Der mit Alfred Kubin befreundete Pachinger war für seine Sammelleidenschaft berühmt. Er hortete buchstäblich alles, was ihm unter die Finger kam. Weithin bekannt war er auch als Erotomane. Vor allem Pachingers erotische Besessenheit erwähnt Kafka in seinem Tagbucheintrag vom 26. November 1911 ausführlich: »Sein [Pachingers] Leben«, so schreibt Kafka unmissverständlich, »besteht nur aus Sammeln und Koitieren.« Weshalb aber ausgerechnet das reizende Gedicht »Kleine Seele« von Kafka ins Stammbuch eingetragen wurde, ist nicht bekannt. Als Pachinger das Gedicht laut vorlas, half ihm Kafka dabei, aber dem Urteil Pachingers, das Gedicht habe einen »persischen Rhythmus – wie heißt das nur? Ghasele? Nicht?« konnten Kafka und Max Brod jedoch ebensowenig zustimmen wie seiner Ansicht, es handle sich um ein Ritornell, auch wenn es »einen gewissen Wohlklang hat«, wie Kafka zugab.

***

Kafkas Tagebucheintrag vom 15. September 1912 enthält auch zwei Vierzeiler. Der Text ist ohne Interpunktion.

»Aus dem Grunde
der Ermattung
steigen wir
mit neuen Kräften

Dunkle Herren
welche warten
bis die Kinder
sich entkräften«

Diese »zwei düsteren, in Rhythmik und Metaphorik von Hofmannsthal angeregte Vierzeiler notierte Kafka am Tag der Verlobung seiner Schwester Valli [15. September 1912]«, schreibt der Literaturwissenschaftler Peter-André Alt in seiner Kafka-Biografie »Der ewige Sohn«. Die Verse »spiegeln seine Trauer über die bevorstehende Bindung seiner Schwester«, die 1913 den kaufmännischen Angestellten Josef Pollak heiratete. Über Vallis Verhältnis zu ihrem Bruder Franz ist wenig bekannt. Während er zum Vater ein gespanntes Verhältnis hatte, kam die anpassungsfähige und ruhige Valli mit dem Vater recht gut zurecht.

***

Am 19. Juli 1916 schrieb Kafka diese rätselhaften rhythmischen Verse in sein Tagebuch:

»Träume und weine, armes Geschlecht
findest den Weg nicht, hast ihn verloren
Wehe! ist Dein Gruß am Abend, Wehe! am Morgen.

Ich will nichts, nur mich entreißen
Händen der Tiefe die sich strecken
mich Ohnmächtigen hinabzunehmen.
Schwer fall' ich in die bereiten Hände.

Tönend erklang in der Ferne der Berge
langsame Rede. Wir horchten.

Ach, sie trugen, Larven der Hölle,
verhüllte Grimassen, eng an sich gedrückt den Leib.

Langer Zug, langer Zug trägt den Unfertigen.«

Die Vermutung, diese dunklen Zeilen Kafkas hätten etwas mit dem Ersten Weltkrieg zu tun, lässt sich nicht bestätigen. Am Abend dieses 19. Juli 1916 griffen nördlich der Somme bei Formelles Briten und Australier deutsche Stellungen an. Am Ende des Gemetzels, waren etwa 8000 Soldaten gefallen. Doch Kafka hatte davon sicher keine Kenntnis.

Der Essayist Werner Kraft urteilte: »Das ist wohl in der Intention ein großes Gedicht. [...] Die ersten sechs Verse sind eine eindeutige Klage, von ihnen wiederum die drei ersten sprachlich die stärksten. Der siebente Vers ist schrecklich. Die nächsten beiden scheinen stark von Rettung zu sprechen. Was dann geschieht ist ohne Trost.«

***

Zwischen 1916 und 1918 schrieb Franz Kafka hauptsächlich mit Bleistift in kleine Notizbücher im Oktavformat, den sogenannten Oktavheften. Es entstand eine traumwandlerisch schöne, mitunter verstörende Sammlung von Skizzen mit vielen poetischen melancholischen Bildern, in denen sphärisch leise Melodien nachklingen.

Im »Dritten Oktavheft« vom Oktober 1917 finden sich die Zeilen:

»Erkenne Dich selbst bedeutet nicht: Beobachte Dich. Beobachte Dich ist das Wort der Schlange.
Es bedeutet: Mache Dich zum Herrn Deiner Handlungen. Nun bist Du es aber schon, bist Herr Deiner Handlungen. Das Wort bedeutet also: Verkenne Dich! Zerstöre Dich! also etwas Böses und nur wenn man sich sehr tief hinabbeugt, hört man auch sein Gutes, welches lautet: ›um Dich zu dem zu machen, der Du bist‹.«

Nicht nur dieses Ausspruchs wegen schätzen Freimaurer Franz Kafka. Der Spruch »Erkenne dich selbst«, der über dem Eingang des Tempels von Delphi stand, findet sich auch an der Pforte etlicher Freimaurertempel. Sokrates urteilte: »Selbsterkenntnis gibt dem Menschen das meiste Gute, Selbsttäuschung das meiste Übel.« Freimaurer betrachten die Reise zum Kern des eigenen Ichs seit jeher als lebenslange Aufgabe, als Weg ohne Ziel. »Bist Du in einem Fach ein Meister geworden«, äußerte der Freimaurer Goethe, »so sollst in einem weiteren Du sogleich ein Schüler werden. Denn nur ein Werdender wird immer dankbar für Erkenntnis sein.« Franz Kafka verdichtete dies in seinem Ausspruch: »Erkenne Dich selbst, um Dich zu dem zu machen, der Du bist.«

***

Weiter unten im »Dritten Oktavheft« dann ein Vers vom 24. November 1917:

»Ich kenne den Inhalt nicht,
ich habe den Schlüssel nicht,
ich glaube Gerüchten nicht,
alles verständlich,
denn ich bin es selbst.«

Vor diesen Zeilen notierte Kafka: »Das menschliche Urteil über menschliche Handlungen ist wahr und nichtig, nämlich zuerst wahr und dann nichtig« und fügte hinzu: »Durch die Tür rechts dringen die Mitmenschen in ein Zimmer, in dem Familienrat gehalten wird, hören das letzte Wort des letzten Redners, nehmen es, strömen mit ihm durch die Tür links in die Welt und rufen ihr Urteil aus. Wahr ist das Urteil über das Wort, nichtig das Urteil an sich. Hätten sie endgültig wahr urteilen wollen, hätten sie für immer im Zimmer bleiben müssen, wären ein Teil des Familienrates geworden und dadurch allerdings wieder unfähig geworden zu urteilen.«

***

Das »Vierte Oktavheft« in »Hochzeitvorbereitungen auf dem Lande« enthält das folgende vierteilige Gedicht:

»Ach was wird uns hier bereitet
Bett und Lager unter Bäumen
grünes Dunkel, trocknes Laub
Wenig Sonne, feuchter Duft
Ach was wird uns hier bereitet

Wohin treibt uns das Verlangen
Dies verwirken? dies verlieren?
Sinnlos trinken wir die Asche
und ersticken unsern Vater
Wohin treibt uns das Verlangen

Wohin treibt uns das Verlangen?
Aus dem Hause treibt es fort.

———

Es lockte die Flöte, es lockte der frische Bach

———

Was geduldig dir erschien, rauschte
durch des Baumes Wipfel
und der Herr des Gartens sprach

———

Suche ich in seinen Runen
Wechsels Schauspiel zu erforschen,
Wort und Schwäre ...«

———

Dieses »fragmentarische Gedicht, das aus ungleichen Teilen besteht, hat Lied-charakter. Goethe klingt an«, meint im Hinblick auf diese Zeilen der Essayist Werner Kraft. Ähnliches empfand auch der Komponist Ernst Křenek (1900–1991), der »Ach, was wird uns hier bereitet« vertonte.

***

Im »Fünften Oktavheft« stehen unvermittelt diese Zeilen:

»Was ich berühre, zerfällt.

Das Trauerjahr war vorüber,
die Flügel der Vögel waren schlaff.
Der Mond entblößte sich in kühlen Nächten,
Mandel und Ölbaum waren längst gereift.«

Worüber Kafka trauerte ist nicht erwähnt. Eine Binsenweisheit besagt, dass nach einem Jahr für Trauernde das Schlimmste ausgestanden sei. Die Trauer trete dann in den Hintergrund, das Leben gehe weiter, doch der Schmerz sitzt oft tief und verschwindet nicht einfach, nur weil ein Jahr vergangen ist. Erst wenn es gelingt, das den Schmerz Verursachende loszulassen, kann Trauer verblassen und auch das Gefühl: »Was ich berühre, zerfällt.«

***

Zwei Seiten weiter dann folgende liedhafte Strophe:

»Trabe, kleines Pferdchen,
du trägst mich in die Wüste,
alle Städte versinken, die Dörfer und lieblichen Flüsse.
Ehrwürdig die Schulen, leichtfertig die Kneipen,
Mädchengesichter versinken,
verschleppt vom Sturm des Ostens.«

Diesen Vers vertonte der Philosoph Theodor W. Adorno, der sich auch musikalisch betätigte als Teil seiner »Sechs Bagatellen für Gesang und Klavier«, op. 6 (1942), wobei er auf Kafkas darin angedeutete Vorahnungen vom Krieg – »versinkende Städte«, »verschleppte Mädchen« – Bezug nahm.

***

In Kafkas »Fragmenten aus Heften und losen Blättern«, entstanden zwischen 1918 und 1920, entdeckte Max Brod, wie er es formulierte auch »die unsagbar schöne lyrische Stelle, eine von vielen«:

> »Träume sind angekommen, flußabwärts sind sie gekommen, auf einer Leiter steigen sie die Quaimauer hinauf. Man bleibt stehn, unterhält sich mit ihnen, sie wissen mancherlei, nur woher sie kommen, wissen sie nicht. Es ist recht lau an diesem Herbstabend. Sie wenden sich dem Fluß zu und heben die Arme. Warum hebt ihr die Arme, statt uns in sie zu schließen?«

Dieser Text wurde von Kafka als Fließtext aufgeschrieben, ohne die bei Gedichten meist üblichen, die Verse trennenden Zeilenumbrüche vorzunehmen. In seinen Tagebüchern erwähnte Kafka die »Kraft« seiner Träume, die »schon ins Wachsein vor dem Einschlafen« strahlen und durch die er sich seiner dichterischen Fähigkeiten voll bewusst werde: »Ich fühle mich gelockert bis auf den Boden meines Wesens und kann aus mir heben, was ich nur will.«

***

Am 21. September 1920 findet sich in den »Fragmenten« diese Stelle:

> »Aufgehoben die Reste,
> die glücklich gelösten Glieder, die gelockerten Knie,
> unter dem Balkon im Mondschein.
> Im Hintergrund ein wenig Laubwerk,
> schwärzlich wie Haare.«

Diese Zeilen, in denen Kafkas Begeisterung für chinesische Lyrik nachklingt, erinnern an Li Bos Gedicht »Selbstvergessen«:

> »Ich sitz beim Wein / die Augen zu, vergess' die Zeit, / Blüten fallen / und be-

decken fast mein Kleid. / Erheb mich trunken / folge Bach und Mond, / Vögel ziehen / nirgends Menschen weit und breit.«

***

In den »Fragmenten« weiter unten dann die folgenden Zeilen:

»Meine Sehnsucht waren die alten Zeiten,
meine Sehnsucht war die Gegenwart,
Meine Sehnsucht war die Zukunft,
und mit alledem sterbe ich in einem Wächterhäuschen am Straßenrand,
einem aufrechten Sarg, seit jeher
einem Besitzstück des Staates.
Mein Leben habe ich damit verbracht,
mich zurückzuhalten, es zu zerschlagen.

Mein Leben habe ich damit verbracht, mich gegen die Lust zu wehren, es zu beenden.«

Kafka war ein von Sehnsüchten erfüllter Mensch. Das beginnt bei seiner »Sehnsucht nach besinnungsloser Einsamkeit« und der Sehnsucht nach dem gelobten Land Palästina, der unerfällten Sehnsucht nach Liebe und geht bis zur »Sehnsucht zu schreiben«, sie »hat über all das Übergewicht«, denn »nur die Sehnsucht ist wahr, die kann man nicht übertreiben.« So schreibt er am 14. September 1920 an Milena. »Aber selbst die Wahrheit der Sehnsucht« so fügt er hinzu, »ist nicht so sehr ihre Wahrheit, als vielmehr der Ausdruck der Lüge alles übrigen sonst. Es klingt verdreht, aber es ist so.«

Diese hier zitierten 15 versöhnlichen Notate Kafkas werden allenthalben als »Lyrische Fragmente« bezeichnet und von manchen sogar »Gedichte« genannt?

Gedichte sind gemalte Fensterscheiben!

Während Laien beim Eintauchen in Kafkas Werk keine Schwierigkeiten haben, darin zahlreiche lyrische Stellen zu entdecken, wagen Literaturwissenschaftler allenfalls von gelegentlichen »lyrischen Versuchen Kafkas« zu flüstern, von »hingeworfenen Versen ohne Titel«, weigern sich jedoch diesbezügliche Stellen als »Kafka-Gedichte« zu bezeichnen. Eine Ausnahme bildet lediglich das Gedicht »Kleine Seele springst im Tanze«, das Kafka liebte, wie der Kafka-Biograf Rainer Stach betont. Aber sonst spricht man nur hinter vorgehaltener Hand von Kafka als einem lyrisch begabten Dichter allerdings ohne lyrisches Werk, in dem er seine dichterische Begabung aller Welt offenkundig hätte machen können. Und so bleibt es wohl auch künftig den Kafka-Laien überlassen, Kafka auf das Podest des Versdichters zu heben und ihn als bedeutenden Lyriker zu verehren, der er für sie zweifellos ist, auch wenn Kafka diesen Titel für sich wohl nie in Anspruch genommen hätte und auch seine lyrischen Fragmente keinesfalls für erhaltenswert erachtete.

Vor seinem Tod bat er bekanntlich seinen Freund Max Brod, »alles was sich in meinem Nachlass (also im Bücherkasten, Wäscheschrank, Schreibtisch zuhause und im Bureau, oder wohin sonst irgendetwas vertragen worden sein sollte und Dir auffällt) an Tagebüchern, Manuscripten, Briefen, fremden und eigenen, Gezeichnetem u.s.w. findet restlos und ungelesen zu verbrennen, ebenso alles Geschriebene oder Gezeichnete, das Du oder andere, die Du in meinem Namen darum bitten sollst, haben.« Und diese Bitte hätte sich auch auf die lyrischen Notate bezogen. Doch Brod erfüllte Kafkas Aufforderung zum Glück nicht.

Wer Kafkas lyrische Fragmente apokryph nennt und sich engstirnig weigert, sie als Lyrik anzuerkennen und deshalb vor den zahlreichen lyrischen Stellen in seinem Werk die Augen verschließt und es ablehnt, sich darauf einzulassen, sei an Goethes Gedicht erinnert:

»Gedichte sind gemalte Fensterscheiben!
Sieht man vom Markt in die Kirche hinein,
Da ist alles dunkel und düster
Und so siehts auch der Herr Philister.
Der mag denn wohl verdrießlich sein
Und lebenslang verdrießlich bleiben.

Kommt aber nur einmal herein!
Begrüßt die heilige Kapelle;
Da ists auf einmal farbig helle,
Geschicht und Zierat glänzt in Schnelle,
Bedeutend wirkt ein edler Schein,
Dies wird euch Kindern Gottes taugen,
Erbaut euch und ergetzt die Augen!«

Die vielen in Kafkas Werk verstreuten lyrischen Stellen und deren »edler Schein« werden sich also nur jenen eröffnen, die bereit sind, unvoreingenommen die »lyrische Kapelle« dieses Dichters zu betreten und sich an dessen Versen zu »erbauen und ergetzen«.

»Wunderbare Kleinigkeiten mit lyrischen Tönen«

Auf meine Frage nach Gedichten in Kafkas Werk teilte mir der Kafka-Experte und Verleger Klaus Wagenbach (1930–2021) in einer Nachricht vom 30. Juni 1999 mit: »Es gibt nicht mehr als in den Briefen an Pollak zu finden ist. Und natürlich der Text ›Kleine Seele‹.« Wagenbach meinte mit seinem Hinweis insbesondere jenen Brief an Oskar Pollak vom 3. November 1903, in dem der 20-jährige Kafka notierte: »Hier sind noch einige Verse. Lies sie in guten Stunden.« Im Anschluss an diese Bemerkung finden sich die drei Verse »Kühl und hart ist der heutige Tag«, »In dem alten Städtchen stehn« und »Menschen, die über dunkle Brücken gehn«. »Eine lyrische Begabung«, so Wagenbach, sei »Kafka aber keinesfalls abzusprechen« und er fügte hinzu: »Werfen Sie doch mal einen Blick in Kafkas Paralipomena und in seine Zürauer Aphorismen. Diese wunderbaren Kleinigkeiten sind von lyrischen Tönen vielfach durchsetzt.« Kafkas Freund Felix Weltsch schrieb in seiner Studie »Religion und Humor im Leben und Werk Franz Kafkas«: »Aphorismen sind Dichtungen, geformte Ausbrüche eines expressiven Temperaments, gestaltete Reaktionen auf bestimmte Situationen und Erlebnisse; ihre Form ist der gedrängte, auf die Spitze getriebene Ausdruck, ihre Mittel sind das Paradox, die Antithese, die Steigerung und die Übertreibung.«

Seine berühmten »Zürauer Aphorismen« notierte Kafka während seines etwa achtmonatigen Aufenthalts 1917 / 1918 im Haus seiner Schwester Ottla im böhmischen Dorf Zürau auf 109 nummerierten Zetteln. Dabei handelt es sich um von poetischen Gedankenbildern durchdrungene Zeugnisse eines fortwährenden Kreisens um das

Geheimnis menschlicher Existenz, in denen sich lyrische und aphoristische Elemente kreuzen, die sich deshalb auch als »Poetische Aphorismen« auffassen lassen. Die Reflexionen, Notate und Wortskizzen, erinnern oft an Verse und sind Miniaturen der Selbst-Vergewisserung und der Abgrenzung, wie etwa folgende Aphorismen zeigen:

»Der wahre Weg geht über ein Seil, das nicht in der Höhe gespannt ist, sondern knapp über dem Boden. Es scheint mehr bestimmt stolpern zu machen, als begangen zu werden.«

»Das Glück begreifen, daß der Boden, auf dem Du stehst, nicht größer sein kann, als die zwei Füße ihn bedecken.«

Auch in Kafkas 1920 veröffentlichter Erzählung »Ein Landarzt« finden sich fünf Verszeilen. Ein Landarzt wird zu einem Kranken gerufen. »Ein Schulchor mit dem Lehrer an der Spitze steht vor dem Haus des Kranken und singt eine äußerst einfache Melodie auf den Text:

»Entkleidet ihn, dann wird er heilen,
Und heilt er nicht, so tötet ihn!
'S ist nur ein Arzt, 's ist nur ein Arzt.«

Als der Landarzt den Kranken, den er nicht heilen kann, verlässt, »klang lange hinter uns der neue, aber irrtümliche Gesang der Kinder:

»Freuet Euch, Ihr Patienten,
Der Arzt ist Euch ins Bett gelegt!«

Überliefert ist von Kafka auch ein komischer Vers. Bekanntlich konnte er nämlich durchaus humorvoll und witzig sein. So habe er, wie Max Brod berichtet, beim Vorlesen des ersten Kapitels des Romans »Der Prozeß« so schallend gelacht, dass er den Vortrag immer wieder unterbrechen musste. Und 1913 schrieb er seiner Geliebten: »Ich kann auch lachen, Felice, zweifle nicht daran, ich bin sogar als großer Lacher bekannt.« Zum Beweis dafür erwähnt er, wie er während einer ernsten Zeremonie die Autorität seines Vorgesetzten untergrub, als er bei dessen Rede von Lachkrämpfen geschüttelt wurde.

In einem Brief vom 13[?]. Februar 1918 an Max Brod schrieb Kafka von seinem Aufenthalt in Zürau, dass man hier »über fast jeden Zürauer einen Vers gemacht« habe, »meiner ist, bis auf seine Reimschwäche, tröstlich:

»Der Doktor ist ein guter Mon
Gott wird sich seiner erborm.«

Dieser Kalauer zeigt, dass Kafka beim Dichten auch regelrecht herumalbern konnte.

»Lyrische Passagen von größter Zärtlichkeit«

Solche seien, wie Ernst Pawel in seiner Kafka-Biografie schreibt, auch in etlichen Briefen Kafkas an Frauen enthalten, darunter mehrere poetische Äußerungen über die Liebe.

Wegen seiner Briefe, die man scherzhaft auch als »Kafkas Fledermausbriefe« bezeichnete, wurde er sogar mit einem Vampir verglichen und das nicht wegen seines mysteriösen Aussehens – dunkle Augen, dunkle Kleidung, fahler Teint. Er selbst beschrieb sich als überaus mager und blutarm. Wie ein Vampir erwachte auch Kafka erst nachts zum Leben, während er sich tagsüber im Büro-Sarg einschloss. Sein Hunger nach Briefen trieb ihn förmlich zu einem »Briefvampirismus«. In zahlreichen Briefen mit geschriebenen Küssen, mit denen er seine Geliebten aussaugte, versuchte er vergeblich den Durst nach Liebe zu löschen. In Briefen an Milena spricht er von einem:

> »Verkehr mit Gespenstern und zwar nicht nur mit dem Gespenst des Adressaten, sondern auch mit dem eigenen Gespenst, das sich einem unter der Hand in dem Brief, den man schreibt, entwickelt oder gar in einer Folge von Briefen, wo ein Brief den andern erhärtet und sich auf ihn als Zeugen berufen kann. ... Briefe schreiben aber heißt, sich vor den Gespenstern entblößen, worauf, sie gierig warten. Geschriebene Küsse kommen nicht an ihren Ort, sondern werden von den Gespenstern auf dem Wege ausgetrunken. Durch diese reichliche Nahrung vermehren sie sich ja so unerhört. [...] Ich spüre manchmal die Sorgen, als wenn sie mir das Blut aus den Schläfen trinken würden.«

Im Grunde, so versicherte Kafka Max Brod »vertraue ich meinen Worten und Briefen nicht, ich will mein Herz mit Menschen, aber nicht mit Gespenstern teilen, welche mit den Worten spielen und die Briefe mit hängender Zunge lesen.« Gleichwohl kommt er von Briefen nicht los, »man lehnt sich weit zurück und trinkt die Briefe und weiß nichts als daß man nicht aufhören will zu trinken« und auch »die Luftgeister trinken es gierig ein in ihre unersättlichen Gurgeln.« Vergeblich wünschte er, »sich wie die Fledermaus durch Graben von Löchern retten zu können.«

Auch wenn sich Kafka nicht durch das Trinken vom Blut seiner Opfer ernährte, ist in seinen Briefen an Felice und Milena mehrfach die Rede von »Blut« und dem »Austrinken von Briefen«. Allein über 500 Briefe an Felice sind erhalten, der er etwa folgendes schreibt:

> »Du bis auf das Blut gequältes, liebstes Mädchen, wie ich aus Deinen Briefen mein Leben sauge, das kannst Du Dir nicht vorstellen [...] das Blut jagt mir wieder ungebeten durch den Kopf [...] auch will sich Kopf und Blut seit zwei Tagen wieder gar nicht beruhigen, unbegreiflich, nach welchen Gesetzen das Blut in mir wütet, seit paar Tagen sind wieder alle Nerven in Aufruhr und kein Schlaf ist mir erlaubt [...] je mehr ich schreibe und je mehr ich mich befreie, desto reiner und würdiger werde ich vielleicht für Dich, aber sicher ist noch vieles aus mir hinauszuwerfen und die Nächte können gar nicht lang genug sein für dieses übrigens äußerst wollüstige Geschäft [...] von der Korrespondenz rede ich nicht, denn dieses Gift, wenn es ein solches sein sollte, muß ich Dir einflößen, da kann ich mir nicht helfen.«

Doch alle Briefe an Felice retteten diese komplizierte Beziehung nicht. Am 5. Juli 1916 notierte Kafka ins Tagebuch:

> »Mühsal des Zusammenlebens. Erzwungen von Fremdheit, Mitleid, Wollust, Feigheit, Eitelkeit und nur im tiefen Grunde vielleicht ein dünnes Bächlein, würdig, Liebe genannt zu werden, unzugänglich dem Suchen, aufblitzend einmal im Augenblick eines Augenblicks.
> Arme F[elice].«

1920 folgte die kurze, intensive Beziehung zur 13 Jahre jüngeren Journalistin Milena Jesenská, der er am 9. August 1920 schrieb:

> »Da ich Dich liebe (und ich liebe Dich also, Du Begriffstutzige, so wie das Meer einen winzigen Kieselstein auf seinem Grunde lieb hat, genau so überschwemmt Dich mein Liebhaben – und bei Dir sei ich wieder der Kieselstein, wenn es die Himmel zulassen) liebe ich die ganze Welt und dazu gehört auch Deine linke Schulter, nein es war zuerst die rechte und darum küsse ich sie, wenn es mir gefällt (und Du so lieb bist die Bluse dort wegzuziehn) und dazu gehört auch die linke Schulter und Dein Gesicht über mir im Wald und Dein Gesicht unter

mir im Wald und das Ruhn an Deiner fast entblößten Brust. Und darum hast Du recht, wenn Du sagst, daß wir schon eins waren und ich habe gar keine Angst davor, sondern es ist mein einziges Glück und mein einziger Stolz und ich schränke es gar nicht auf den Wald ein.«

Doch auch die hauptsächlich aus Briefen bestehende Liebesbeziehung zu Milena war nach Willy Haas letztlich nur »eine Orgie an Verzweiflung, Seligkeit, Selbstzerfleischung und Selbsterniedrigung«, was Kafka in den Worten an Milena zum Ausdruck brachte:

»Liebe ist, daß du mir das Messer bist, mit dem ich in mir wühle.«

Es bleiben etliche poetische Äußerungen Kafkas über die Liebe, so in den Zürauer Aphorismen:

»Die sinnliche Liebe täuscht über die himmlische hinweg; allein könnte sie es nicht, aber da sie das Element der himmlischen Liebe unbewußt in sich hat, kann sie es.«

Und bei einem Gespräch mit Gustav Janouch fragte er:

»Was ist Liebe? Das ist doch ganz einfach! Liebe ist alles was unser Leben steigert, erweitert, bereichert. Nach allen Höhen und Tiefen. Die Liebe ist so unproblematisch wie ein Fahrzeug. Problematisch sind nur der Lenker, die Fahrgäste und die Straße.«

Sind Kafkas Notate »Prosalyrik«?

Prosagedichte gab es bereits im 19. und 20. Jahrhundert in Frankreich als »Poeme en prose«, aber auch im deutschen Sprachraum und sicher hatte auch Kafka davon Kenntnis. In der Literaturwissenschaft war dieses Zwitterwesen von Beginn an ein heikles literarisches Phänomen und mit seinem Oszillieren zwischen Prosa und klassischer Lyrik ein peinliches Störelement, ein »Enfant terrible« unter den literarischen Gattungen. Als »Grenzüberschreiter«, das sich akademischen Definitionsversuchen widersetzt, wurde das »Prosagedicht« argwöhnisch beurteilt. Es sei weder Fleisch noch Fisch. Dieses Ding, das die Mitte zwischen rhythmischer Prosa und freien Rhythmen zu halten sucht, sei lediglich eine Spielwiese für Experimente. Das gelte ganz besonders für das deutsche Prosagedicht, das im Vergleich zu den schillernden Prosagedichten eines Charles Baudelaire, der es Mitte des 19. Jahrhundert begründete, eines Arthur Rimbaud, Stéphane Mallarmé, Iwan Turgenjeff und anderen geradezu verblasst.

Die ersten vier Zeilen des Prosagedichts »Berauschet Euch« von Charles Baudelaire lauten übersetzt:

»Man muß immer trunken sein. Das ist alles: die einzige Lösung. Um nicht das furchtbare Joch der Zeit zu fühlen, das euere Schultern zerbricht und euch zur Erde beugt, müsset ihr euch berauschen, zügellos. Doch womit? Mit Wein, mit Poesie oder mit Tugend, womit ihr wollt. Aber berauschet euch.«

Und Iwan Turgenjeffs Prosagedicht »Die russische Sprache« hat nur ein paar Zeilen:

»In Tagen des Zweifels, in Tagen drückender Sorge um das Schicksal meines Heimatlandes – bist du allein mir Halt und Stütze, o du große, mächtige, wahrhaftige und freie russische Sprache! – Wenn du nicht wärst – müßte man da nicht verzweifeln angesichts alles dessen, was sich daheim vollzieht? – Undenkbar aber ist es, daß eine solche Sprache nicht auch einem großen Volke sollte gegeben sein!«

Die Frage, ob das Fehlen von Endreimen und Verstrennungen schon ausreicht, dass Prosalyrik entsteht, ist zweifellos berechtigt. Ist also rhythmische Prosa in Flattersatzzeilen, aber ohne die seit Jahrhunderten für Lyrik üblichen konstitutiven Formelemente wie Verse oder Reime tatsächlich schon ein Prosagedicht? Falls man dem zustimmt, ist es dann nicht auch erlaubt lyrisch anmutende Zeilen Kafkas aus seinen Tagebüchern, Oktavheften und losen Zetteln zu zitieren und sie als Prosagedichte zu bezeichnen? »Kafkas Gedichte nähern sich der Prosa an wie seine Prosastücke Gedichten«, urteilt Gerhard Kurz. »Reimlosigkeit und freier Rhythmus charakterisieren sie formal.« In diesem Sinn können auch einige Prosatexte Kafkas durchaus als »Poéme en prose«, also als Prosagedichte, gelesen werden, wie dies nicht nur auf Grund der kunstvollen Rhythmisierung naheliegend ist. Kurt Tucholsky vermerkte in seiner Kritik über »Betrachtung« vom 27. Januar 1913: »Es ist Melodie in dem, was er sagt [...].« Otto Pick bezeichnet die Texte als »rhythmisch wie Klagelieder einsamer Mädchen«. Albert Ehrenstein spricht sogar von einer »seltsam lyrischen Prosa« und Paul Friedrich vergleicht manche der Zeilen mit »Peter Altenbergs lyrischen Impressionen«. Kafka selbst schrieb über seine ungleich umfangreichere Erzählung »Das Urteil«, dass sie »mehr gedichtmäßig als episch« ist und »deshalb braucht sie ganz freien Raum um sich, wenn sie wirken soll.« Auch der Mitherausgeber der Kritischen Kafka-Ausgabe Jürgen Born ist der Ansicht, dass Kafka seine kleine kurze Prosa vermutlich als »eine Art Gedicht« verstand, in dem Form und Aussage aufs äußerste komprimiert, sich zur Aussage verbinden. Dies gilt insbesondere für Kurzprosabeiträge wie etwa: »Reisender sein«, »Zerstreutes Hinausschauen«, »Das Gassenfenster«, »Ein Kommentar«, »Der grüne Drache«, »Zweigeteilt«, »Nachts« und etliche andere. So weist Kafkas Gesamtwerk an zahlreichen Stellen eindrucksvolle Belege für seine lyrische Könnerschaft auf.

Freilich sind insbesondere aus den Jugendjahren des Dichters auch unbeholfene Zeilen darunter, wie etwa die Verse »In dem alten Städtchen stehn«, die deutlich von der etwas deutschtümelnden, simplen Sprache der Zeitschrift »Kunstwart« beeinflusst wurden, die Kafka nachweislich las. Doch viele Beispiele, so bereits die Zeilen »Es gibt ein Kommen und ein Gehen«, die Kafka als 14-Jähriger schrieb, weisen einen authentisch »kafkaesken« Beiklang auf, der auch viele seiner Prosastücke kennzeichnet. In Kafkas »Betrachtungen über Sünde und Leid« findet sich folgende Stelle, in der Kafkas Freund Felix Weltsch »eine Melodie« entdeckte, »die ganz und gar kafka-isch ist.«

»Es ist nicht notwendig, daß du aus dem Hause gehst. Bleib bei deinem Tisch und horche. Horche nicht einmal, warte nur. Warte nicht einmal, sei völlig still und allein. Anbieten wird sich dir die Welt zur Entlarvung, sie kann nicht anders, verzückt wird sie sich vor dir winden.«

Und im »Siebten Oktavheft« Kafkas dann diese Zeilen:

»Darauf kommt es an, wenn einem ein Schwert in die Seele schneidet: ruhig blicken, kein Blut verlieren, die Kälte des Schwertes mit der Kälte des Steines aufnehmen. Durch den Stich, nach dem Stich unverwundbar werden.«

Und in Kafkas »Aus Fragmenten und losen Blättern«:

»Armes verlassenes Haus! Warst du je bewohnt? Es wird nicht überliefert. Niemand forscht in deiner Geschichte. Wie kalt ist es in dir. Wie weht der Wind durch deinen grauen Flurgang, nichts hindert. Warst du je bewohnt, dann sind die Spuren dessen unbegreiflich gut verwischt.«

Und eine andere Stelle darin:

»Nur ein Wort. Nur eine Bitte. Nur ein Bewegen der Luft. Nur ein Beweis, daß du noch lebst und wartest. Nein, keine Bitte, nur ein Atmen, kein Atmen, nur ein Bereitsein, kein Bereitsein, nur ein Gedanke, kein Gedanke, nur ruhiger Schlaf.«

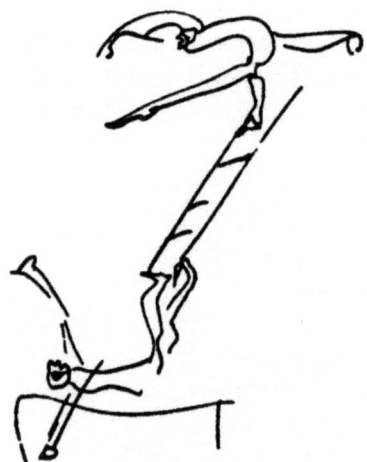

Doch sind derartige lyrisch anmutende Notate Kafkas schon »Prosagedichte«? Es bleibt wohl weiterhin umstritten, ob sie so bezeichnet werden dürfen, da Kafka diesen Begriff dafür selbst nicht wählte.

Kafkas lyrische Fragmente in Musik und Bildender Kunst

»Weißt Du eigentlich, daß ich vollständig, in einer meiner Erfahrung nach überhaupt sonst nicht vorkommenden Vollständigkeit unmusikalisch bin« fragte Kafka
seine Freundin Milena in einem Brief vom 14. Juni 1920. Er könne eine Operette
nicht von einer Wagner-Oper unterscheiden. Trotz dieses Geständnisses weisen
seine Texte musikalisch-rhythmische Qualitäten auf, wie Max Brod betonte. Er at-
testierte seinem Jugendfreund »ein natürliches Gefühl für Rhythmus und Melos«,
spricht von der »besonderen Gabe seiner musikalischen Sprachkunst« und zählte
ihn zu jenen Autoren, »deren Verse oder Prosa alle Zeichen guter Musik in Rhythmik und Dynamik tragen.«

Auch der blinde Oskar Baum hörte beim Vortrag Kafkas aus den Texten deren
lyrisch-musikalischen Elemente heraus, die Rhythmik die »musikalische Breite
der Phrasierung von endlos langem Atem und gewaltig sich steigernden Crescendi
der dynamischen Terrassen«, die »im Wunderbau eines einzigen Satzes gewachsen
sind«, was an etlichen Texten Kafkas sichtbar und hörbar ist, wie zum Beispiel an
seiner kurzen lyrischen »Betrachtung«:

»Wenn man doch ein Indianer wäre, gleich bereit, und auf dem rennenden
Pferde, schief in der Luft, immer wieder kurz erzitterte über dem zitternden
Boden, bis man die Sporen ließ, denn es gab keine Sporen, bis man die Zügel
wegwarf, denn es gab keine Zügel, und kaum das Land vor sich als glatt gemähte
Heide sah, schon ohne Pferdehals und Pferdekopf.«

Bei einem Vortrag des berühmten Rezitator Moissi im konzertsaalgroßen Rudolfinum am 28. Februar 1912 kritisierte Kafka, das durch dessen Überakzentuierung der Melodie die Melodie der Verse nicht mehr zu hören gewesen sei und schreibt darüber am 3. März ins Tagebuch: »Singen einzelner Verse gleich im Beginn zum Beispiel: ›Schlaf Mirjam, mein Kind‹, ein Herumirren der Stimme in der Melodie; rasches Ausstoßen des Mailiedes, scheinbar wird nur die Zungenspitze zwischen die Worte gesteckt; Teilung des Wortes November-Wind, um den ›Wind‹ hinunterstoßen und aufwärts pfeifen lassen zu können. – Schaut man zur Saaldecke, wird man von den Versen hochgezogen. […] Trotzdem so viele Melodien zu hören waren, die Stimme gelenkt schien wie ein leichtes Boot im Wasser, war die Melodie der Verse eigentlich nicht zu hören. – Manche Worte wurden von der Stimme aufgelöst, sie waren so zart angefaßt worden, daß sie aufsprangen und nichts mehr mit der menschlichen Stimme zu tun hatten, bis dann die Stimme notgedrungen irgendeinen scharfen Konsonanten nannte, das Wort zur Erde brachte und schloß.«

Kafkas musikalische Sprachkunst erkannten auch etliche Komponisten, die von seinen lyrischen Texten magisch angezogen wurden und sie vertonten. Als erster schuf Freund Max Brod aus Kafkas Gedicht »Kleine Seele springst im Tanze« ein Lied mit Klaviervariationen über die Melodie«, wie Brod mitteilte. Später befassten sich immer mehr Komponisten mit Kafka. Mitte der 1980er-Jahre komponierte der ungarische Komponist György Kurtág den Vokalzyklus »Kafka-Fragmente« für Sopran und Violine mit drei Dutzend Miniliedern und zog dafür Tagebuchfetzen und Briefzitate Kafkas heran, so etwa dessen Äußerung: »Der wahre Weg geht über ein Seil, das nicht in der Höhe gespannt ist, sondern knapp über den Boden […].« Oder: »Es gibt kein Haben, nur ein Sein, nur ein nach letztem Atem, nach Ersticken verlangendes Sein.« Vergleichbares unternahm der Komponist Detlev Glanert, dessen »Prager Sinfonie« am 8. Dezember 2022 in der Tschechischen Philharmonie in Prag uraufgeführt wurde. Auch Glanert wählte dafür lyrische Fragmente aus Kafkas Werk und gestaltete zwölf Lieder. »Es gibt definitiv eine lyrische Seite, die sich in seinen Gedichten und Textfragmenten zeigt«, wie Glanert in einem Interview äußerte. »Kafkas Poesie durchzieht all seine Worte, Bilder und Rhythmen, was für einen Komponisten sehr suggestiv und eher anziehend als herausfordernd ist.«

Bei der Uraufführung seines Werks »Kafka's Earplugs« (»Kafkas Ohrstöpsel«) erinnerte der Komponist Gerald Barry am 3. August 2023 in London an Kafkas Lärmempfindlichkeit, die sich auch auf seine Einstellung zur Musik bezog. Kafka benutzte oft Ohrstöpsel, um umliegende Geräusche und Lärm auszublenden und Barry fängt des Dichters Wahrnehmung von akustischen Geräuschen ein, indem er die Zuhörer mit knirschenden, pulsierenden Tönen von Blechbläsern und endlos wummernden Streicherakkorden empfinden lässt, was Kafka hörte. »Du bist in Kafkas Kopf«, so Barry, »der die Geräusche der Welt so hört, wie er sie durch seine Ohrstöpsel vernahm.« Da kommt einem eine Stelle aus Kafkas »Bilder von der Verteidigung eines Hofes« in den Sinn: »Es ist nicht der Lärm, der ihn aufregt; wenn er den Lärm hören und in seinen Bestandteilen unterscheiden könnte, würde ihn ja das gleich ganz in Anspruch nehmen, aber er hört ihn nicht, mitten durch den Lärm gezogen hört er nichts, nur eine besondere Stille, förmlich von allen Seiten ihm zugewendet, ihn behorchend, eine Stille, die sich von ihm nähren will, nur sie hört er.«

Der Bilderreichtum von Kafkas Texten regte aber nicht nur Komponisten zur Auseinandersetzung damit an, sondern auch zahlreiche bildende Künstler, Buchgestalter, Illustratoren und Typografen, die versuchten, die visuelle Suggestionskraft von Kafkas Sprache bildlich adäquat umzusetzen. Bekannt wurden die Illustrationen von Alfred Kubin, Hans Fronius, Alfred Hrdlicka, Peter Collien, Hans Peter Willberg und Robert Crumb, um nur einige wenige zu nennen. Inspiriert von seinen Texten ließen sie sich mit bildnerischen Ausdrucksmitteln in einen Dialog mit Kafkas literarischem Werk ein.

Dabei zeichnete Kafka selbst: »Du, ich war einmal ein großer Zeichner«, schrieb er am 11./12. Februar 1913 an seine Freundin Felice Bauer, »nur habe ich dann bei einer schlechten Malerin schulmässiges Zeichnen zu lernen angefangen und mein ganzes Talent verdorben. Denk nur! Aber warte, ich werde Dir nächstens paar alte Zeichnungen schicken, damit Du etwas zum Lachen hast. Jene Zeichnungen haben mich zu seiner Zeit, es ist schon Jahre her, mehr befriedigt, als irgendetwas.« Kafka, der sich während des Jurastudiums in der Tat lebhaft für bildende Kunst interessierte, Vorträge in Künstlerzirkeln besuchte und Kunstzeitschriften abonnierte und der in jungen Jahren mehr zeichnete als schrieb, hinterließ mindestens an die 150 oft auf Briefumschläge, Zeitungsseiten oder Visitenkarten hingeworfene Kritzeleien, die er Brod gegenüber als »Schmierereien« abqualifizierte. Diese vorrangig grotesken und fantastischen Zeichnungen mit skurrilen Figuren, oft Fechter, Reiter und Tänzer in erstaunlich bewegenden, rhythmischen Posen erinnern an seine lyrischen Versuche. Nahezu alle Figuren sind in Bewegung, wobei deren Ausdruckskraft dort das Maximum erreicht, wo er den Aufwand auf ein Minimum reduziert. Die auffallende Dynamik von ein paar skizzierten Läufern sticht ins Auge, die Linien geraten in eine sich geradezu überschlagende Bewegung, die beim Betrachten rhythmische Klänge auszulösen vermag. Kafkas Zeichnungen wurden nicht nur mit denen Paul Klees verglichen. Manche seiner Zeichnungen erinnern auch an Wassily Kandinsky. Dessen Holzschnitt mit dem Titel »Lyrisches« zeigt einen Reiter. Das Bild findet sich in Kandinskys Buch »Klänge« von 1912 / 1913 zusammen mit 55 weiteren Holzschnitten, begleitet von 38 seiner Prosagedichte. Kandinsky nennt sein »Klänge«-Buch »ein kleines Beispiel synthetischer Arbeit. Ich habe die Gedichte geschrieben und habe sie ›geschmückt‹ mit zahlreichen farbigen und Schwarzweiß-Holzschnitten.« Vergleichbar zauberte Kafka den »mit wenigen kühnen Strichen in schärfster Bewegung geradezu hingeheulten Jockey und den verkehrt eingesetzten Kopf des über die Hürde emporgerissenen Pferdes«, so Max Brod, auf ein Blatt oder einen Mann, der von einer in der Luft schwebenden Leiter fällt.

Kafkas Zeichnungen entfalten ihre Faszination im Zusammenspiel mit seinen ebenfalls hingekritzelten nüchternen Wortfetzen und unzusammenhängenden versöhnlichen Sätzen, in denen man wie in den Bildern in seine Welt eintauchen kann. Sie besitzen eine Wucht, die den Betrachter ganz unmittelbar trifft. Mit seinen Strichen erzählt er ähnlich wie mit den Buchstaben und bringt mit beiden nur das Wesentlichste zu Papier. Zwar trennte er bildliche und sprachliche Ausdrucksmittel stets strikt voneinander, dennoch führte dieselbe Hand und derselbe Geist den Zeichen- wie den Schreibstift. Auch Kafkas Bildskizzen sind wie seine lyrischen Textfragmente nicht nur Entwürfe für etwas noch zu Schaffendes, sondern eigenständige Kunstwerke.

Über den »Nutzwert« von Lyrik

Nicht nur im Blick auf die lyrischen Fragmente Kafkas, sondern überhaupt in Bezug auf Gedichte ganz allgemein wird immer wieder die utilitaristische Frage nach dem Nutzwert von Lyrik gestellt. Was also hat man denn schon davon, wenn man sich auf Gedichte einlässt?

»Gedichte haben keinen beabsichtigten Nutzwert«, konstatierte der Lyriker Günter Eich, »und wenn sie bisweilen die Speise sind auf dem ›Tisch der Sehnsucht, der nie leer wird‹, so ist das, vom Dichter her gesehen, ein Zufall, denn er hat nicht das Ziel irgendeiner Wirkung. Gewiß liegen die Dinge für den Kritiker anders, der das Gedicht einzuordnen hat in menschliche Wert- und Zielsetzungen. Er kann Wirkungen der Lyrik konstatieren, aber müßte sich darüber klar sein, dass diese Wirkungen für die Lyrik nur Bedeutung haben innerhalb der menschlichen Einordnung und Nutzbarmachung, dass er also damit über das Wesen und den Ursprung des Gedichtes keine Schlüsse ziehen und ebenso wenig für den Schaffensprozeß das Streben nach irgendwelcher Wirkung fordern darf. Man kann vom Regen sagen, er fördere das Wachstum der Pflanzen, aber niemandem wird es einfallen, deswegen zu behaupten, das sei die Absicht des Regens. Die Größe der Lyrik und aller Kunst aber ist es, daß sie, obwohl vom Menschen geschaffen, die Absichtslosigkeit eines Naturphänomens hat. Es kann Gedichte geben, wenn niemand ihrer bedarf, und vielleicht gibt es keine, wenn alle sie ersehnen.«

Ob man Kafkas Lyrik bedarf oder ersehnt und entsprechende Aufzeichnungen dafür hält, entscheiden Leserinnen und Leser seiner Werke ganz allein. Sie lassen sich nicht daran hindern, darin viele weitere lyrische Stellen zu entdecken, die von der Literaturwissenschaft nicht als solche anerkannt werden. Sie folgen dabei Paul Celans Ratschlag: »Lesen Sie! Immerzu nur lesen, das Verständnis kommt von selbst.« Kafkas lyrische Fragmente sind damit nicht nur als freie, sondern als befreite Verse aufzufassen, oft befreit von Reimen, einem regelmäßigen Metrum und von Zeilenumbrüchen, wodurch sie prosa-nah werden und den, der sich auf sie einlässt, auf sein individuelles Sprachgefühl zurückwerfen und ihn motivieren, selbst den Rhythmus des Zeilenflusses und damit eine Einheit von Inhalt und Gestalt zu finden, die den Eindruck einer dem Text immanenten Anordnung erweckt, womit der Umgang mit Kafkas lyrischen Fragmenten zum subjektiven Kunststück wird, das ein Können voraussetzt. Hätte jede Geschichte, so teilte Kafka einmal seiner Freundin Felice mit, die er geschrieben habe »nicht die innere Wahrheit (was sich niemals allgemein feststellen läßt, sondern immer wieder von jedem Leser oder Hörer von neuem zugegeben oder geleugnet werden muß) sie wäre nichts.« Und das trifft auch auf die »innere Wahrheit« seiner Gedichte zu.

Kafkas letzter Tagebucheintrag ist vom 12. Juni 1923. Vor ihm liegt eine Ansichtskarte mit dem Porträt der russischen Schauspielerin Maria Krizanowskaja, die in Prag in Theaterstücken, unter anderem von Tschechow, auftrat. Der Eintrag lautet:

»Die schrecklichen letzten Zeiten, unaufzählbar, fast ununterbrochen. Spaziergänge, Nächte, Tage, für alles unfähig, außer für Schmerzen.
Und doch. Kein ›und doch‹, so ängstlich und gespannt du mich ansiehst, Krizanowskaja auf der Ansichtskarte vor mir.
Immer ängstlicher im Niederschreiben. Es ist begreiflich. Jedes Wort, gewendet

in der Hand der Geister – dieser Schwung der Hand ist ihre charakteristische Bewegung –, wird zum Spieß, gekehrt gegen den Sprecher. Eine Bemerkung wie diese ganz besonders. Und so ins Unendliche. Der Trost wäre nur: es geschieht, ob du willst oder nicht. Und was du willst, hilft nur unmerklich wenig. Mehr als Trost ist: Auch du hast Waffen.«

Ein Jahr später will Kafka am 2. Juni 1924, einen Tag vor seinem Tod, einen letzten Brief an seine Familie schreiben. Da ihm die Kraft dazu schwindet, schreibt seine Lebensgefährtin Dora Diamant für ihn:

»Ich nehme ihm den Brief aus d. Hand. Es war ohnehin eine Leistung. Nur noch ein paar Zeilen, die seinem Bitten nach, sehr wichtig zu sein scheinen :«

Nach dem Wort »scheinen« ein Doppelpunkt, Kafkas letztes Zeichen, dem nichts mehr folgt: keine wichtige Nachricht – keine Frage – keine Antwort. Nur zwei Pünktchen: Befreiung von jedem Wortballast. Am 3. Juni 1924 stirbt Franz Kafka.

Anhang

Werke von Franz Kafka

Gesammelte Werke in zwölf Bänden. Nach der Kritischen Ausgabe herausgegeben von Hans-Gerd Koch. Frankfurt am Main 1994ff.
Band 1. Ein Landarzt und andere Drucke zu Lebzeiten.
Band 2. Der Verschollene.
Band 3. Der Proceß.
Band 4. Das Schloß.
Band 5. Beschreibung eines Kampfes und andere Schriften aus dem Nachlaß.
Band 6. Beim Bau der chinesischen Mauer und andere Schriften aus dem Nachlaß.
Band 7. Zur Frage der Gesetze und andere Schriften aus dem Nachlaß.
Band 8. Das Ehepaar und andere Schriften aus dem Nachlaß.
Band 9. Tagebücher Band 1: 1909–1912.
Band 10. Tagebücher Band 2: 1912–1914.
Band 11. Tagebücher Band 3: 1914–1923.
Band 12. Reisetagebücher.

Briefe von Franz Kafka

Briefe 1902–1924. Herausgegeben von Max Brod. Frankfurt aam Main 1975ff. (Briefe)
Briefe an Felice und andere Korrespondenz aus der Verlobungszeit. Herausgegeben von Erich Heller und Jürgen Born. Frankfurt am Main 1976ff.
Briefe an die Eltern aus den Jahren 1922–1924. Frankfurt am Main 1993.
Briefe an Ottla und die Familie. Frankfurt am Main 1974.
Briefe an Milena. Erweiterte und neu geordnete Ausgabe. Herausgegeben von Jürgen Born und Michael Müller. Frankfurt am Main 1986ff. (Milena)

Sekundärliteratur

Alt, Peter-André: Franz Kafka: Der ewige Sohn. München 2005.

Anderegg, Johannes: Sprache und Verwandlung. Göttingen 1985.

Anz, Thomas: Franz Kafka. München 1989.

Begley, Louis: Die ungeheure Welt, die ich im Kopfe habe. Über Franz Kafka. München 2008.

Bender, Hans (Hg.): Mein Gedicht ist mein Messer. Lyriker zu ihren Gedichten. Heidelberg 1961.

Binder, Hartmut: Kafka-Handbuch in zwei Bänden. Band 1: Der Mensch und seine Zeit. Stuttgart 1979.

Ders.: Auf Kafkas Spuren. Gesammelte Studien zu Leben und Werk. Herausgegeben von Roland Reuß und Peter Staengle, Göttingen 2023.

Ders.: Franz Kafka. Leben und Persönlichkeit. Stuttgart 1983.

Ders.: Wo Kafka und seine Freunde zu Gast waren. Dortmund 1991.

Binder / Parik: Kafka. Ein Leben in Prag. Essen / München 1993.

Braun, Michael: »Hörreste. Sehreste« Das literarische Fragment bei Büchner, Kafka, Benn und Celan. Köln 2002

Brod, Max: Franz Kafka. Eine Biographie. Franz Kafkas Glauben und Lehre. Verzweiflung und Erlösung im Werk Franz Kafkas. Frankfurt am Main / Hamburg 1966.

Ders.: Über Franz Kafka. Frankfurt am Main 1993.

Brod Max / Franz Kafka: Eine Freundschaft. Reiseaufzeichnungen. Herausgegeben von Malcolm Pasley, Frankfurt am Main 1987 .

Celan, Paul: Der Meridian und andere Prosa. Frankfurt am Main 1994.

Ders.: Das Frühwerk. Frankfurt am Main 1989.

Eich, Günter: Gesammelte Werke. Band 4. Herausgegeben von Heinz F. Schafroth.Frankfurt am Main 1973.

Emrich, W: Franz Kafka. Königstein / Ts. 1981.

Glatzer, Nahum: Frauen in Kafkas Leben. Zürich 1987.

Grusa, Jiri: Franz Kafka aus Prag. Frankfurt am Main 1973

Gundert, W. (Hrsg.): Lyrik des Ostens: China München 1962

Gundert, W./ Schimmel A. (Hrsg.): Lyrik des Ostens. München-Wien 1978

Hausenstein, Wilhelm: Liebe zu München. München 1979

Haymann, Ronald: Kafka. Sein Leben, seine Welt, sein Werk. Bern / München 1986

Heilmann, H.: Chinesische Lyrikvom 12. Jahrhundertv. Chr. bis zur Gegenwart. Band 1 der Sammlung »Die Fruchtschale«. München/Leipzig 1905

Hoffmann, Werner: Kafkas Aphorismen. München 1975.

Janouch, Gustav: Franz Kafka und seine Welt. Wien 1965.

Ders.: Gespräche mit Kafka. Aufzeichnungen und Erinnerungen. Erweiterte Ausgabe, Frankfurt am Main 1968.

Koch, Hans-Gerd (Hg): »Als Kafka mir entgegenkam …«. Erinnerungen an Franz Kafka. Berlin 1995.

Kraus, Marita / Beck, Florian (Hg): Leben in München. Von der Jahrhundertwende bis 1933. München 1990.

Kurz, Gerhard (Hg.): Der junge Kafka. Frankfurt am Main 1984.

Mondt, Eugen: Literarischen Erinnerungsbüchlein. München-Dachau o. J. (Typoskript. Stadtbibliothek München, Handschriften-Abteilung. Nachlass Eugen Mondt), S. 42–44

Musil, Robert: Gesammelte Werke in 9 Bänden. Herausgegeben von Adolf Frisé. Band 8. Reinbek bei Hamburg 1978.

Niedermayer, M. (Hg.): Lyrik des expressionistischen Jahrzehnts. München 1974.

Northey, Anthone: Kafkas Mischpoche. Berlin 1988.

Pasley, Malcolm (Hg.): Max Brod / Franz Kafka. Eine Freundschaft. Briefwechsel. Frankfurt am Main 1989.

Ders.: »Die Schrift ist unveränderlich …«. Essays zu Kafka«, Frankfurt am Main 1995.

Pawel, Ernst: Das Leben Franz Kafkas. Eine Biographie. Reinbek bei Hamburg 1990.

Reimert, Karla: Kafka für Eilige. Berlin 2003.

Salfellner, Harald: Franz Kafka und Prag. Prag 2011.

Schütterle, Annette: Franz Kafkas »Tropische Münchausiade«. Eine Lesung in München. In: Freibeuter. Vierteljahreszeitschrift für Kultur und Politik, Heft 75, Berlin 1998, S. 153 –156.

Schweiggert, Alfons: Franz Kafka. Kleine Seele springst im Tanze. Lyrische Fragmente. München 2004.

Ders.: Franz Kafka mädchenfrauenmädchen. Radierungen Klaus Ebelrlein, Memmingen 2005.

Ders.: Franz Kafka in München. Zwischen Leuchten und Finsternis, München 2007.

Ders.: Franz Kafka Puppengeschichte, München 2007.

Stach, Reiner: Kafka. Die Jahre der Entscheidungen. Frankfurt am Main 2002.

Ders.: Kafka. Die Jahre der Erkenntnis. Frankfurt am Main 2008.

Ders.: Kafka. Die frühen Jahre. Frankfurt am Main 2014.

Unseld, Joachim: Franz Kafka. Ein Schriftstellerleben. Die Geschichte seiner Veröffentlichungen. München 1982 und Frankfurt 1984.

Völker, Ludwig (Hg.): Lyriktheorie. Texte vom Barock bis zur Gegenwart. Stuttgart 1990.

Wagenbach, Klaus: Franz Kafka. Eine Biographie seiner Jugend. 1883–1912. Bern 1958.

Ders.: Franz Kafka in Selbstzeugnissen und Bilddokumenten. Reinbek bei Hamburg 2002.

Ders.: Franz Kafka. Bilder aus seinem Leben. Berlin 1994.

Ders. (Hg.): Franz Kafka. In der Strafkolonie. Eine Geschichte aus dem Jahre 1914. Berlin 1995.

Wapnewski, Peter: Zumutungen Essays zur Literatur des 20. Jahrhunderts. Düsseldorf 1979.

Literatur zu Franz Kafkas Lyrik

Dorst, Marijke van (Hg.): Ik ken de inhoud niet … Gedichten / Ich kenne den Inhalt nicht … Lyrik. Zweisprachige Ausgabe. Niederländische Übersetzung: Stefaan van den Bremt. Erläuterungen: Niels Bokhove, Bedum 2000. – Das Buch enthält auf 24 Seiten 15 Gedichte Kafkas.

Kraft, Werner: Verse von Kafka. In: Werner Kraft: Österreichische Lyriker. Von Trakl zu Lubomirski. Aufsätze zur Literatur, Eisenstadt-Wien 1984.

Roshchina, Olga: Franz Kafka – Lyrik, deutsch-russisch, St. Petersburg, ca. 2013.

Schweiggert, Alfons (Hg.): Franz Kafka: Kleine Seele springst im Tanze. Lyrische Fragmente, München 2004. – Die 112 zitierten lyrischen Fragmente sind den Publikationen aus verschiedenen Schaffensphasen Kafkas entnommen, unter anderem seinen Prosaarbeiten, Tagebüchern und Betrachtungen, den acht Oktavheften, den »Fragmenten aus Heften und losen Blättern« und den Briefen.

Schmidt, Thomas (Hg.): Die Lyrik Kafkas. Kommentierte Edition der Gedichte Kafkas. Mit einer Einführung von Thomas Schmidt, Göttingen 2020. – Nach dem Urteil des Literaturhistorikers und Kafka-Experten Niels Bokhove, Mitglied der »Niederländischen Franz Kafka Circle Foundation«, handelt es sich bei dem Buch mit angeblich 36 neuen Kafka-Gedichten um eine Fake-Publikation, da weder der Herausgeber des Buches, erschienen als POD (Printing On Demand), identifizierbar ist, noch die Gedichte aus Max Brods Nachlass stammen, was eine Nachfrage bei der »Nationalbibliothek Israel« (NLI) ergab.

Bildnachweis

Archiv Alfons Schweiggert, München: S. 19, 28, 70, 79, 85
Archiv Buchhandlung Goltz, München: S. 60, 61
Archiv Familie Valentin Erben, Planegg: S. 88
Archiv Klaus Wagenbach Berlin: S. 8, 12, 24, 25, 30, 31 37, 40, 42, 45, 50, 51, 52, 64, 67, 68, 80, 89, 93, 94, 97, 102, 104
Klaus Eberlein, München: S. 62
Gemeinfrei: S. 73, 105, 106, 110, 113, 115, 118, 131, 138, 141, 144, 146, 147, 150, 151, 153, 161, 162, 163,
Monacensia im Hildebrandhaus, München: S. 77, 78
Stadtarchiv München: S. 21, 26, 36, 37, 59, 103

Danksagung

Alexander Strathern, dem Leiter des Allitera Verlags, danke ich für seine Bereitschaft, zu Kafkas 100. Todestag 2024 die erweiterte Neuauflage meines Buches »Franz Kafka in München« in sein Verlagsprogramm aufzunehmen.

Dietlind Pedarnig, der engagierten Lektorin des Allitera Verlags, danke ich für ihr sachkundiges Lektorat, für viele wichtige Hinweise und die stets freundliche und hilfreiche Kooperation bei der Bildredaktion und der Herstellung des Buches.

Dem Verleger und Kafka-Experten Klaus Wagenbach (1930–2021) gebührt mein Dank für seine in mehreren Gesprächen mitgeteilten Ansichten zu »Kafka und Gedichte«.

Gunter Fette und Gerhard Polt danke ich für ihre Geleitworte im Buch.

Meiner Frau Mariella danke ich für viele anregende Gespräche zum Thema der Veröffentlichung.

Ulrich Hohoff (Hg.)

Franz Kafka

Die frühen Publikationen (1908–1912)

Diese Ausgabe stellt zum 100. Todestag von Franz Kafka die Einzel-
publikationen der frühen Jahre (1908–1912) erstmals vollständig und
in der Fassung der Erstdrucke vor.

Ein Kommentar erläutert alles Wissenswerte zu Kafkas Texten und er-
gänzt die Primärtexte um Materialien, etwa aus Kafkas Tagebüchern
und Briefen oder aus dem Werk seines Freundes Max Brod.

248 S., Paperback, ISBN 978-3-96233-429-1

Karl Stankiewitz

Münchner Originale

Fotografien aus der Sammlung Karl Valentin
im Stadtarchiv München

Was wäre München ohne seine Originale! Seit kurbayerischer Zeit
haben sie hier im öffentlichen Leben eine nachhaltige Rolle gespielt.
Karl Stankiewitz veröffentlicht erstmals Karl Valentins Sammlung
von Fotografien, Zeichnungen, Dias und Ansichtskarten dieser Alt-
Münchner orginellen Persönlichkeiten, die er so schätzte und die sich
heute im Besitz des Münchner Stadtarchivs befindet.

288 S., Hardcover, ISBN 978-3-96233-104-7